泛工业革命

直达信息社会5.0的路径解析

陈根 · 编著

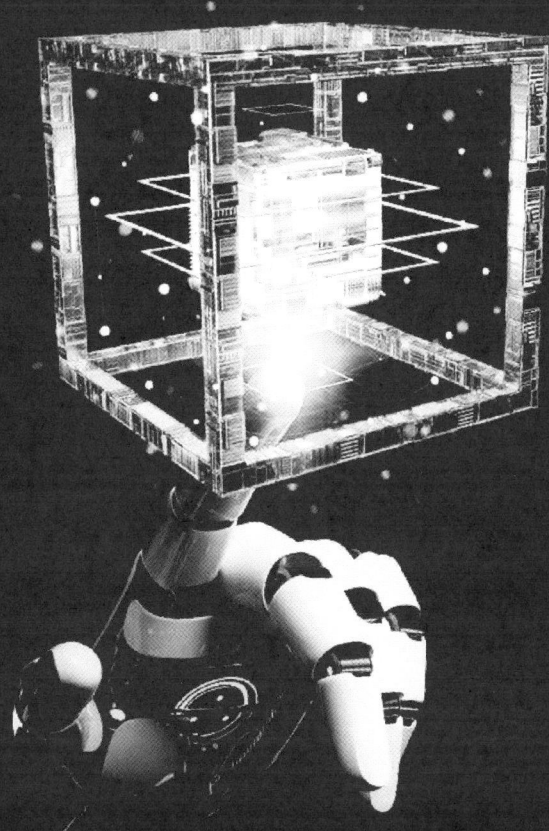

电子工业出版社
Publishing House of Electronics Industry
北京·BEIJING

内 容 简 介

世界以制造为本。继工业 4.0 之后的全新概念——泛工业革命，将是一场嵌入整个技术经济社会系统中的多维度变革，以实施先进制造技术和全新经营方式为主要内容，建立涉及制造理念、制造战略、制造技术、制造组织与管理各个领域的先进制造模式。本书以三篇（过往、当下、未来）共 6 章讲解了泛工业革命，涉及制造技术群（3D 打印、新能源、纳米技术、工业机器人等）与制造模式群（精益制造、绿色制造、智能制造等），分析了全球制造业的新角色、新市场、新规则，以及未来工业如何重构全球价值链、重塑新经济秩序。

本书可为政府部门、制造业企业及从事制造业政策制定、管理决策和咨询研究的人员提供参考，也可以供高等院校相关专业师生及对制造业感兴趣的读者学习阅读。

未经许可，不得以任何方式复制或抄袭本书之部分或全部内容。

版权所有，侵权必究。

图书在版编目（CIP）数据

泛工业革命：直达信息社会 5.0 的路径解析 / 陈根编著. —北京：电子工业出版社，2022.6
ISBN 978-7-121-43465-5

Ⅰ. ①泛… Ⅱ. ①陈… Ⅲ. ①信息化社会－研究 Ⅳ. ①G201

中国版本图书馆 CIP 数据核字（2022）第 085134 号

责任编辑：秦　聪
印　　刷：天津千鹤文化传播有限公司
装　　订：天津千鹤文化传播有限公司
出版发行：电子工业出版社
　　　　　北京市海淀区万寿路 173 信箱　　邮编：100036
开　　本：720×1 000　1/16　印张：13.5　字数：216 千字
版　　次：2022 年 6 月第 1 版
印　　次：2022 年 6 月第 1 次印刷
定　　价：89.00 元

凡所购买电子工业出版社图书有缺损问题，请向购买书店调换。若书店售缺，请与本社发行部联系，联系及邮购电话：（010）88254888，88258888。

质量投诉请发邮件至 zlts@phei.com.cn，盗版侵权举报请发邮件至 dbqq@phei.com.cn。

本书咨询联系方式：（010）88254568，qincong@phei.com.cn。

前言

工业革命是现代文明的起点,是人类生产方式的根本性变革。工业的发展让人类有更大的能力去改造自然并获取资源,其生产的产品被直接或间接地用于人们的消费,极大地提升了生活水平。工业是工、农、商三个产业中真正具有强大造血功能的产业,对经济的持续繁荣和社会稳定有着重要的意义。

从工业文明的发展来看,人类社会在经历了蒸汽时代、电气时代、信息时代三次工业革命后,以大数据、人工智能为代表的数字技术正以极快的速度形成巨大的产业能力和市场,使整个工业生产体系提升至一个新的水平,由此推动人类社会进入第四次工业革命。

与前三次的工业革命明显不同,第四次工业革命是全方位的革新,是信息物理系统的深度融合,是制造技术与制造模式的全面变革——新兴制造技术和制造模式群体不断涌现、协同融合,将人类社会推进至泛工业革命时代。

泛工业革命不是依赖单一学科或某几类技术的,而是全方位的多学科、多技术、深层次、宽领域的协同效应和深度融合的革命。泛工业革命将广泛地深入所有行业,无论是消费互联网还是航空航天,无论是衣食住行还是生命科学。泛工业革命将嵌入整个技术经济社会,以实施先进的制造技术和经营方式为主要内容，涉及制造理念、制造战略、制造技术、制造组织与管理的全面改造。

泛工业革命将超越第四次工业革命，锻造工业世界全新的升维赛道。当然，全新赛道的开启孕育着新机，也带来了挑战。自20世纪70年代以来，发达国家中出现了"去工业化"的浪潮。兴也工业，衰也工业。尽管这些国家的举措一度被视为明智之举，但"再工业化"或成必然。

面对"再工业化"，从主体国家角度来看，世界各主要工业国近年来都制定了相应的战略措施：德国的参考架构RAMI 4.0推出"工业4.0"，美国的参考架构IIRA推出工业互联网，日本的参考架构IVRA推出工业价值链，中国则由中国工业互联网产业联盟于2016年发布《工业互联网体系架构（版本1.0）》。

从企业角度来看，"灯塔工厂"是泛工业时代的新角色，是"数字化制造"和"全球化4.0"的示范者。"灯塔工厂"的涌现凸显了泛工业制造业的全球化特征，比如，德国某企业可能将工厂设在中国，中国某企业可能将工厂设在美国。创新不分地区，也不分背景。从采购基础材料到加工业，再到解决特殊需求的高端制造商，行业千差万别、包罗万象。这也意味着，各种规模的企业都有在泛工业浪潮里革新并走向卓越的潜力，无论是立足全球的蓝筹企业，还是员工不到100人的本地公司。

泛工业革命的过程，无论是智能化、敏捷化，还是信息化、柔性化，都不是简单的"技术换人"，而是将工业革命以来极度细化甚至异化的工人流水线工作，重新拉回"以人为本"的组织模式。这也意味着，泛工业时代的未来生产必然是以人为中心的生产，这需要社会培养复合型人才、企业调整组织架构、个人提高创新能力。

泛工业革命的过程还将重构全球价值链。事实上，随着国际格局的深刻变革，国际分工的升级与治理是客观的必然，而快速发展的技术则为全球价值链的重构增添了科技要素。

泛工业革命许诺了一个前所未有的科技未来。本书以第四次工业革命为背景，以历次工业革命为线索，意在描摹与解释未来的泛工业世界，介绍当前的制造技术与制造模式的嬗变，结合"灯塔工厂"实例深化对泛工业革命的理解，并提出具有前瞻性的预测。本书内容兼具趣味性和科学性，在提供资讯的同时，帮助读者对所处的工业时代进行深入了解，从而展望未来。

陈　根

2022 年春

目 录

第一篇 过往

第一章 无工业，不强国 /003
第一节 工业之兴 /004
第二节 革命之力 /007
  一、第一次工业革命：蒸汽时代 /007
  二、第二次工业革命：电气时代 /009
  三、第三次工业革命：信息时代 /012
第三节 剧变已至，工业升级 /017

第二章 走向泛工业时代 /020
第一节 工业平台时代到来 /021
  一、从消费者平台到工业平台 /021
  二、工业平台：更复杂、更多元、更强大 /024
第二节 打造工业平台 /029
  一、推动产业生产力 /032
  二、强化创新效能 /033
  三、多地理位置创造范围经济 /033
第三节 以泛制胜：泛工业革命 /034
  一、制造技术的嬗变 /035
  二、制造模式的嬗变 /037
  三、以泛制胜，革命先声 /039

第二篇 当下

第三章 制造技术群 /045
第一节 3D打印：增材制造与精密成形 /046
  一、从减材制造到增材制造 /046

二、入场智造，渗透制造 /048
三、3D 打印的未经之路 /050
四、承载未来制造想象 /051

第二节 纳米技术：把百科全书写在针头上 /053
一、从长度单位到技术可能 /054
二、以小博大——纳米技术的产业应用 /055
三、纳米布局带来的纳米思维 /058

第三节 新能源技术：绿色可持续 /060
一、能源转换已至 /061
二、能源转型犹有困境 /063
三、构建能源技术体系 /065

第四节 工业机器人：制造业的今日明珠 /067
一、工业机器人的最大贡献是改善生产力 /068
二、让制造走向"智造" /070
三、工业机器人国际之局 /074

第五节 信息技术：搅动传统制造 /084
一、集群信息技术 /084
二、推动制造业纵深发展 /091

第四章 制造模式群 /093

第一节 精益生产：少而精，多效益 /094
一、精益生产的结构 /094
二、新生产方式的革命 /097

第二节 绿色制造：走向环境友好 /099
一、绿色制造之必然 /099
二、绿色制造之绿色技术 /101

第三节 服务化延伸：增值制造价值链 /104
一、服务型制造的演化与成熟 /105
二、服务型制造更新价值链创造 /106

第四节 工业互联网：数字化转型的有效路径 /108
一、工业互联网走向未来 /108
二、工业互联网驶入深水区 /110

　　　　三、竞合还是零和　/112
　第五节　智能制造：从技术到模式　/113
　　　　一、智能制造的关键技术　/114
　　　　二、走向智能制造　/116

第三篇 未来

第五章　新角色、新市场、新规则　/121

第一节　工业再出发　/122
　　　　一、从工业化到"去工业化"　/122
　　　　二、兴也工业，衰也工业　/125
　　　　三、从"去工业化"到"再工业化"　/128
第二节　泛工业革命走向世界　/133
　　　　一、德国："工业4.0"　/133
　　　　二、美国：工业互联网　/136
　　　　三、中国：制造强国战略　/138
第三节　"灯塔工厂"：建立现代工厂　/141
　　　　一、"灯塔工厂"的诞生　/142
　　　　二、"灯塔工厂"的打造　/144
第四节　洞察"灯塔工厂"　/151
　　　　一、宝洁拉科纳：成本领先型增长　/151
　　　　二、意大利Rold：小规模，大未来　/155
　　　　三、中国海尔：工业交互平台　/157
　　　　四、"犀牛智造"：数字化新制造模式　/161
第五节　以人为中心的未来生产　/166
　　　　一、提高创新能力　/166
　　　　二、培养复合型人才　/168
　　　　三、调整组织架构　/170

第六章　超越"工业4.0"　/175

第一节　技术变革引发就业变革　/176
　　　　一、"机器换人"进行时　/176
　　　　二、"机器换人"创造未来就业　/178
　　　　三、回应"机器换人"时代的挑战　/180
第二节　重构全球价值链　/182

一、全球价值链从扩张到收缩 /183
　　二、多因素驱动全球价值链转变 /185
　　三、泛工业时代的全球价值链重构 /186
　第三节　新秩序的孕育与诞生 /188
　　一、重塑国际竞争格局 /189
　　二、变革全球治理方向 /193
　第四节　工业未来行稳致远 /195
　　一、工业文明亟待人文科学的纠偏 /195
　　二、从融合走向更新 /199

参考文献　/203

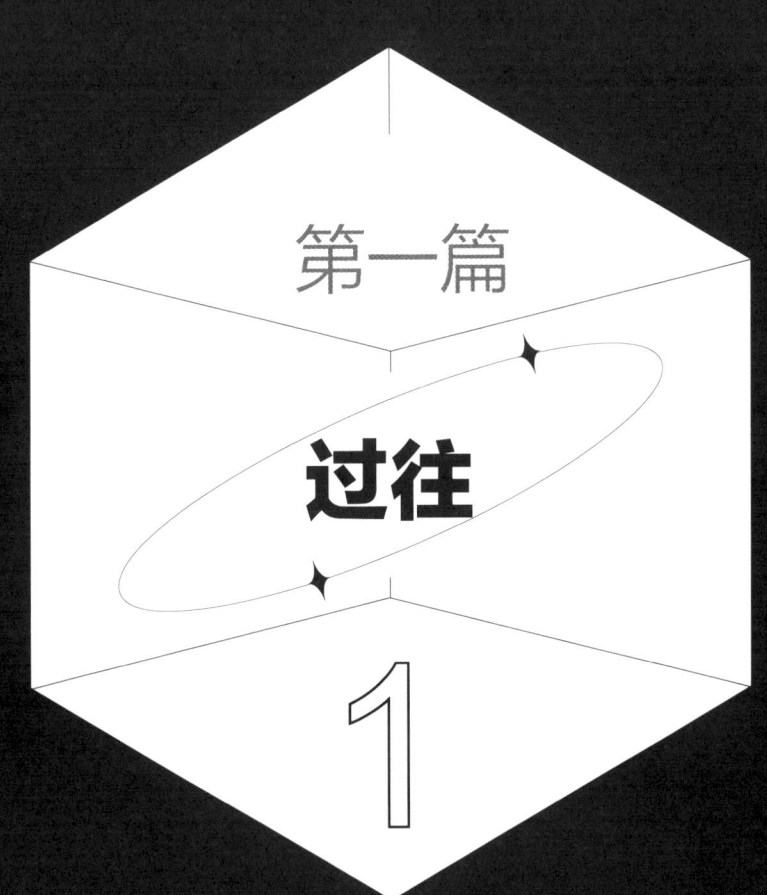

第一章
无工业，不强国

第一节　工业之兴

无"农"不稳,无"工"不强,无"商"不富。

人类文明在发展的最初,就是依赖于自然界中可以直接获取的可用于消费的物质,如植物、动物等。原始人类的居住地是天然的或略经处置就可以遮风避雨的自然场所,如洞穴、草棚等。由此,农业文明诞生。

随着农业文明的发展,人类逐渐学会将原本不能用于消费的自然物进行加工,制造成可以消费的物品,并逐渐发展为加工制造业和建筑业。"工业"社会由此发展。

当然,在工业社会发展的早期,人类对物质的转化是极其简单的。从低级而又单一的几何形状物质的转化开始,如把石块打磨成尖锐或者厚钝的石制手斧,用它袭击野兽、削尖木棒或挖掘植物块根,把它当成一种"万能"的工具使用。

到了中石器时代,石器发展成了镶嵌工具,即在石斧上装上木制或骨制把柄,从而使物质的单一形态转化发展成两种不同的复合形态。在此基础上又发展出石刀、石矛、石链等复合工具,直到发明了弓箭。新石器时代,人类学会了在石器上凿孔,发明了石镰、石铲、石锄,以及加工粮食的石臼、石杵等。

与此同时,人类开始利用工具对能量进行转化。原始人类对"火"及自身关系的认识就是一个明显的例证,从对雷电引燃的森林及草原野火的恐惧,到学会用火来烧烤猎物,再到用火来御寒、照明、驱赶野兽，掌握人工取火的方法标志着火作为一种自然力真正被人们所利用。当"火"这种自然力开始为人所用时，也进一步促进了人体和人类大脑的发育，正如恩格斯所指出的"摩擦生火第一次使人支配了一种自然力，从而最终把人同动物区分开"。

对火的利用又令人类开始烧制陶器，制陶技术使古代的材料与材料加工技术得到了重大发展。它第一次使人类对材料的加工超出了仅仅改变材料几何形状的范围，开始改变着材料的物理、化学属性。此外，制陶技术的发展为冶金技术的产生奠定了基础。

于是，从手工制造发展至当前的机器制造，人类社会形成了越来越复杂的生产"资料"的经济活动，包括"劳动工具"和"劳动对象"。这样，工业就不断发展成为庞大的"迂回性"生产体系——对于最终的直接消费使用过程，工业生产活动的很大部分是间接的和迂回的，是为生产"劳动工具"和"劳动对象"而进行的。工业生产的"迂回性"实际上就是生产过程的高度分工化，不仅是各种技术分工，而且是普遍的社会分工，从而构成错综复杂的"投入—产出"关系。

不过，无论工业生产的迂回过程如何复杂，工业的本质都是将无用物质转变为有用物质及有益物质。工业越发达，就能使越多的物质转变为资源。在高度发达的工业体系中，所有的物质都可以成为资源。因此，从最终意义上说，"资源"都是由工业所创造的。

英国社会学家安东尼·吉登斯在1990年出版的《现代性的后果》一书中指出：由科学与技术联盟所构筑起来的现代工业，以过去世世代代所不能想象的方式改变着自然界。在全球的工业化地区，并且逐渐也在其他地方，人类开始生活在一种人化环境之中，这当然也是一种物质性的活动环境，但是它再也不仅仅是自然的了。不仅是建造起来的城市区域，而且绝大多数其他地区也都成了人类调整或控制的对象。

显而易见的是，工业具有强大的创造力，工业几乎渗透到一切领域中，使人类现代生活的各个领域都得以"工业化"。从农林牧渔、交通运输到信息传递、文化艺术；从教育医疗、体育健身到休闲旅游，无不依赖着工业技术。

工业对于人类最伟大的贡献——科技创新的实现载体和必备工具。人类最伟大的科学发现、技术发明，以及人类杰出想象力的实现，都需要以工业为基础和手段。科技进步是工业的灵魂，工业是科技进步的躯体，绝大多数科技创新都表现为工业发展或者必须以工业发展为前提。

相较于农业受制于相对有限的产出，商业发展又必须基于工业之上，工业自然而然地成为三个产业中真正具有强大造血功能的产业，对经济的持续繁荣和社会稳定有着重要的意义。

工业的发展让人类有更大的能力去改造自然并获取资源，其生产的产品被直接或间接地运用于人们的消费当中，极大地提高了人们的生活水平。因此，只有工业强国才可能拥有发达的工业尤其是制造业。迄今为止，以科学理性和科技进步为标志的工业化时代是人类发展最辉煌的阶段。可以说，自工业文明发展以来，工业就在一定意义上决定着人类的生存与发展。

第二节 革命之力

一、第一次工业革命：蒸汽时代

18世纪中期后，英国引爆了第一次工业革命，成为第一个进入工业化的国家。

1733年，机械师约翰·凯伊发明了飞梭，将织布效率提高1倍。织布革新以后，造成了织与纺的矛盾，从而出现了长期的"纱荒"。

于是，1764年，织工兼木工詹姆斯·哈格里夫斯发明了手摇纺纱机，即珍妮纺纱机，将纺纱效率提升了15倍之多，初步解决了织与纺的矛盾。但珍妮纺纱机也有其缺点——由于是用人力转动的，纺出的纱细、易断而不结实。

为了克服珍妮纺纱机的缺点，1769年，理发师兼钟表匠理查德·阿克莱特制造了水力纺纱机，改变了人力转动机器的情况。由于水力纺纱机使用水力，必须靠河而新建厂房。并且，水力纺纱机纺的纱韧而粗，可作经线。

为了解决纱粗的问题，1779年，青年工人塞缪尔·克伦普顿综合了珍妮纺纱机和水力纺纱机的优点，发明了骡机（Mule，音译为缪尔纺纱机，又称综合精纺机）。骡机同时能转动300~400个纱锭，极大地提高了工效。并且，骡机纺出的纱既精细又结实。

随着纺纱机的不断改进，棉纱开始过剩，进而推动了织布机的发明。1785年，工程师埃地蒙特·卡特莱特制成了水力织布机，将工作效率提高了40倍。

1791年，英国建立了第一个织布厂。随着棉纺织机器的发明、改进和使用，相关的工序也不断革新和机械化，如净棉机、梳棉机、漂白机、整染机等被先后发明和广泛使用。自此，棉纺织工业整个系统都实现了机械化。

随着工业革命的兴起，纺织业对动力系统提出了更高的要求。原来的动力（人力、畜力和自然力等）已经不能适应新的生产方式，因而蒸汽机的发明成为迫切的需要和可能。正如马克思指出："正是由于创造了工具机，才使蒸汽机的革命成为必要。" 1769年，苏格兰格拉斯哥大学的机械师詹姆斯·瓦特总结了前人的经验，经过多次试验，制成了第一台单动式蒸汽机。1782年，他经过改进又制成了联动式蒸汽机。

蒸汽机的发明成为人类第一次工业革命的重要标志，使人类由200万年来以人力为主的手工劳动时代进入了近代机器大生产的蒸汽时代。蒸汽机的发明和应用促进了英国各个工业部门的机械化。原本仅仅用于矿山抽水的蒸汽机经过改良后被用于纺织业——1784年英国建立了第一座蒸汽纺纱厂。随后，蒸汽机又被应用于冶金工业、铁路运输、蒸汽船等领域。

英国工业革命使英国的社会生产力得到飞速的发展。英国在工业革命80年左右的时间里，建立了强大的纺织工业、冶金工业、煤炭工业、机器工业和交通运输业。

机器大生产空前提高了劳动生产率。1770—1840年，英国每个工人的日生产率平均提高了20余倍。1764—1841年，英国棉花每年的消耗量由400万磅增至近5亿磅（1磅≈0.4536千克），增长了120多倍。1785—1850年，英国棉织品产量从4000万码增至20亿码（1码≈0.9144米），提高了50倍。1700—1850年，煤产量从260万吨增至4900万吨，提高了18倍。1740—1850年，生铁产量从1.7万吨增至225万吨，提高了132倍。1825—1848年，铁路长度从16英里增至4646英里（1英里≈1.6千米），增长了289倍。

至此，英国不仅在纺织业方面基本摆脱了传统手工业的桎梏，实现了机械化，还在交通、冶金等诸多领域实现了机器对人的替代。至1850年，英国工业总产值占世界工业总产值的39%，贸易额占世界总量的21%。

工业革命用短短的几十年使英国由一个落后的农业国一跃为世界上最先进的工业强国，被称为"世界工厂"。

工业革命不仅使生产技术发生了重大变革，生产力大大提高，而且使社会结构、生产关系发生了重大变化。因此，工业革命也是一次社会生产方式的革命。

从18世纪60年代开始，至19世纪40年代完成，英国工业革命的80年是工业文明发展史上的光辉一笔，其革命之力至今都具有重要的借鉴意义。

二、第二次工业革命：电气时代

如果说第一次工业革命在近代世界经济的角斗场上铭刻了英国"世界工厂"的印记，那么，始于19世纪70年代的第二次工业革命则以电力的发明和运用为标志，对人类社会的发展产生了划时代的影响，引起了世界范围内的产业革命，使人类的生产及生活方式等也发生了巨大变化。

首先,第二次工业革命以电力在生产及生活领域的广泛使用为显著标志。1831年,英国科学家法拉第发现电磁感应现象,成为电气发明的理论基础。1866年,德国人西门子制成发电机;1870年,比利时人格拉姆发明了电动机;1879年,美国人爱迪生点燃了第一盏真正具有广泛实用价值的电灯。

电气发明及新能源的大规模运用,直接促进了重工业的大踏步前进,使大型工厂能够方便廉价地获得持续有效的动力供应,进而使大规模的工业生产成为可能,并为之后的经济垄断奠定了基础。

其次,在第二次工业革命中,内燃机的创制和使用使世界范围内的交往更加便捷化。1885年,德国人戈特利布·戴姆勒和卡尔·本茨各自独立制成了第一辆由内燃机驱动的汽车。此后,内燃机车、远洋轮船、飞机等迅速发展。内燃机的发明不仅解决了交通工具的动力问题,而且推动了化工等产业的迅猛发展,解决了长期困扰的动力不足问题。

最后,继有线电报出现之后,1876年,美国人贝尔发明了电话;1899年,意大利人马可尼在英法之间发报成功,世界各地的经济、政治和文化联系进一步加强。从此,通信工具迅猛发展,人与人之间的交流突破了传统的面对面和书信交流方式的局限,这为世界各地的信息交流和传递提供了极大的方便。世界各地的经济、政治和文化联系进一步加强。

第二次工业革命创造的巨大生产力使经济全球化速度加快,世界市场和世界经济体系得以形成。20世纪初,美国和德国的实力跃居全球之首。究其原因，就在于 19 世纪末期出现的科学技术在第二次工业革命的推动下，主要在美国和德国得到了改善和运用。

事实上，在第一次工业革命中的许多发明创造，如纺织工业、采矿工业、冶金工业和运输业的种种发明很少出自科学家。相反，它们多数是由技术人员促成的。第一次工业革命用工匠们的实践经验弥补了缺失的理论，尚未真正结合科学与技术，但 1870 年后的情况大为不同：自然科学的新发展开始与工业生产紧密地结合起来，科学在发明创造中发挥了越来越重要的作用，并成为大工业生产的一个重要组成部分。

第二次工业革命特定的技术特征和地缘性质，促使旧欧洲秩序逐渐崩溃。因此，在西班牙、葡萄牙和荷兰相继退步之后，在第二次工业革命中完成工业化的美国、法国、德国、奥匈帝国、意大利和俄国在国际政治中崭露头角。

随着欧洲、美国和日本等主要的资本主义国家相继进入垄断资本主义阶段，新崛起的德国、美国和日本要求改变国际政治的现状，而老牌的帝国主义国家却极力维持既得利益。英国放弃其恪守已久的"光辉孤立"政策，欧洲多国展开了激烈的军备竞赛。20 世纪初，欧洲出现了英法俄协约国和德奥同盟国集团对峙的两极格局。矛盾的激化和升级导致第一次世界大战爆发。旧欧洲的国际体系开始走出欧洲范围，扩展为全球性的国际体系。

第二次工业革命为全球性的国际体系的形成注入了强大的持续动力。在工业革命浪潮的推动下，德国、美国、日本、俄国等新兴强国登上国际政治舞台。

总体来说，第二次工业革命以其非凡的科技成就成为推动近代世界发展的巨大引擎，极大地改变了世界面貌。科技进步推动着经济发展，同时为世界格局的变动埋下了伏笔。

三、第三次工业革命：信息时代

半个世纪前，第三次工业革命爆发。以智能化、数字化、信息化技术的发展为基础，以现代基础制造技术对大规模流水线和柔性制造系统的改造为主要内容，以基于可重构生产系统的个性化制造和快速市场反应为特点的第三次工业革命开始了，这是一场嵌入技术、管理和制度系统的技术经济范式的深刻变革。

第三次工业革命的发生和发展是外生的技术进步与内生的国家政策共同驱动、协同作用的结果。

从外生因素来看，第三次工业革命是外生的技术积累与技术创新进入特定周期和阶段的必然结果。现代制造技术系统中底层的技术——信息技术的快速进步，使信息存储、传输和处理的成本呈几何级数下降。1992—2010年，即时通信数据的平均传输成本从222美元大幅下降至0.13美元。

信息的工业服务能力提升和使用成本下降，大大推动了基于信息与通信技术（ICT）的人工智能、数字制造和工业机器人等基础制造技术的成熟。基础制造技术的成熟与成本下降又进一步促进了这些前沿制造技术在大规模流水线和柔性制造系统中的应用，并通过与新材料、新能源、光电等外围技术的融合催生了可重构生产系统和3D打印等新型制造系统。这种多层次、多领域的技术创新和互动共同构成了第三次工业革命技术演进的基本脉络。快速成型、新材料应用、工业机器人、人工智能等一系列重大关联技术逐渐趋于成熟，有力地推动了制造业生产效率的大幅跃迁，使整个生产体系提升到了一个全新的水平。

除了技术的外生驱动，第三次工业革命的不断深化也是主要工业化国家拉动的结果。

在金融危机发生时，始终强调实体经济发展的德国经济的稳定表现和具有全球最快的制造业增长速度的中国经济的快速恢复，与多数欧美国家的经济疲软甚至陷入债务危机形成了鲜明的对比。这样的事实，促使主要工业化国家反思其制造业在国家创新系统和产业体系中的经济功能和战略意义。

1. 源于技术，超越技术

第三次工业革命源于对制造技术的突破，但其对工业经济发生作用的机理和影响效果却绝不局限于制造技术本身。第三次工业革命背景下的先进制造技术、制造系统和制造范式对传统制造方式的替代与革新，将导致作为工业企业核心的"生产性资产"的功能和性质发生根本性变化——制造不仅决定生产成本，而且直接影响企业的产品创新能力和动态效率，知识相对于设备和一般劳动在制造系统中的重要性进一步突显。

一方面，第三次工业革命使企业由大规模生产转向大规模定制。单件小批量制造是工业生产发展的起点，特点是生产完全按照不同客户的个性化要求进行，技术工人每次使用通用机械生产只能完成一件或几件非标准化的产品。19世纪末期，这种制造范式的应用范围和技术复杂度达到顶峰。当时的欧洲和美国，大量的马车生产商开始转向生产汽车。由于零部件的生产高度依赖工匠个人的技能，因此汽车零部件的生产、车体制造和组装都大量分散在配备了通用机床的手工作坊中。在这种制造范式下，汽车生产商的基本商业模式是：首先拟向客户提供汽车的设计概念，客户进行选择后与汽车生产商签订订单；然后汽车生产商根据设计概念和客户要求进行详细的产品设计；最后根据产品设计生产并提供产品。由于销售、设计和生产的各个环节都是高度个性化的，因此产量非常有限。

大规模生产是推进工业社会发展的重要的加速器之一，是第二次工业革命的成果，其核心内容是利用由专业化设备组成的流水线来大量生产标准化的产品。大规模生产的专业化和标准化不仅显著降低了生产成本，同时大大提高了产品的精度。

大规模生产的强大经济生命力在于，通过降低生产成本扩大了市场需求，扩大了的市场需求反过来又为大规模生产提供了更大的空间，从而形成市场需求和生产规模相互增强的机制。大规模生产方式的特点是"大规模、少品种"。

大规模定制则是20世纪80年代由信息技术与制造技术融合而催生的一场生产方式变革，是第三次工业革命孕育阶段的产物。大规模定制是指产品的种类大幅增加，用于满足消费者更为广泛的个性化需求，这就使得用户的创新、创意在产业发展中所扮演的角色更为突出。过去由供给方主导的产业创新被弱化，企业依靠规模经济降低成本的竞争战略也会受到挑战。

同时，由于大规模定制强调产品的多样性，因此整个供应链的效率和灵活性成为决定产品和企业竞争力的关键。产业的垂直组织结构改变了大规模制造范式下以市场集中度为主要度量的产业水平组织结构，成为决定产业整体效率和竞争力的主要因素。

另一方面，第三次工业革命使企业由刚性制造系统转向可重构制造系统。传统的刚性制造系统由专用自动化生产设备组成，系统设计在运行后配置固定，更适应单一产品的生产。柔性制造系统则更适用于生产小批量、多品种的产品，整个系统投资大、生产成本高。由于不同设备的厂商控制的软件互不兼容，系统的集成和操作也存在困难。

在第三次工业革命中，以可重构制造系统为代表的新型制造系统适应着大规模定制生产，这类制造系统以重排、重复利用和更新系统组态或子系统的方式，实现快速调试及制造，具有很强的包容性、灵活性及突出的生产能力。

2. 重塑国际格局

工业技术发展的历史表明，与新的技术、经济条件相适应的新的制造范式的出现，不仅伴随着制造技术的发展，更伴随着新的人力资本投入、企业战略方向和投资结构调整，以及新的产业组织形态的出现。

因此，第三次工业革命也是一场技术经济范式意义上的技术、管理、制度和政策的全面协同变革。这场变革带来了工业组织结构、产业竞争范式和全球工业竞争格局的重大调整。

第三次工业革命重塑了国际产业分工格局，后发国家必须寻求新的产业赶超路径。第三次工业革命背景下的现代制造技术和生产设备大规模应用的过程，就是"现代机械和知识型员工"对"传统机械和简单劳动"逐步进行替代的过程。这种替代的经济合理性不仅在于现代制造提高了劳动的边际生产率，更在于现代制造体系生产出的产品具有更好的性能、更强大的功能和更短的产品开发周期。

现代制造降低了工业对简单劳动的依赖，同时赋予了产品更加丰富的竞争要素——制造的价值创造能力，从而在产业价值链上的战略地位变得与研发和营销同等重要，甚至超越其他的价值创造环节。

于是，发达国家不仅可以通过发展工业机器人、高端数控机床、柔性制造系统等现代装备制造业控制新的产业制高点，而且可以通过运用现代制造技术和制造系统装备传统产业来提高传统产业的生产效率，通过装备新兴产业来强化新兴技术的工程化和产业化能力。同时，由于现代制造系统与服务业的深度融合（如开放的软件社区和工业设计社区），发达国家在高端服务业形成的领先优势也可能被进一步强化。

第三次工业革命是嵌入整个技术经济社会系统中的多维度的变革，对国际关系产生了深刻的影响：它加剧了资本主义各国发展的不平衡，使资本主义各国的国际地位发生了新变化，美国强势崛起成为超级大国。

显而易见的是，前三次工业革命都对世界政治、经济、科技、军事等产生了巨大影响，从根本上对世界格局的重塑起到关键作用。每一次工业革命在带来全球经济和社会重大变革的同时，均引起世界各国国家实力与竞争地位的变化。一些国家从中崛起，一些国家则错失发展机遇。历史就是这样在周期中发展，又在周期中呈现答案。

第三节　剧变已至，工业升级

工业革命是现代文明的起点，是人类生产方式的根本性变革。在前三次工业革命的长期积累和孕育下，当前，以智能化为特点，以人工智能、量子通信、生物技术、虚拟现实等前沿技术为代表的第四次工业革命正以前所未有的速度兴起。新一轮世界科技竞赛的大幕正在拉开。

第四次工业革命是继蒸汽技术革命、电气技术革命和信息技术革命后的又一次使人类社会经济生活大为改观的大事件。这场技术革命的核心是网络化、信息化与智能化的深度融合，它在提高生产力水平、丰富物质供给的同时，重塑人力与机器力结合的劳动形式和要求，在各产业政策方面增添新内容和新方法。

首先，在第四次工业革命中，各项颠覆性技术的发展速度以指数级展开，过去科技的更新换代可能需要数年甚至数十年，而现在，一两年内即可完成一轮技术革新。

美国未来学家库兹韦尔表示："在几万年前，科技增长的速度缓慢到一代人看不到明显的结果；在最近一百年，一个人一生内至少可以看到一次科技的巨大进步；而从 21 世纪开始，大概每三到五年就会发生与此前人类有史以来科技进步的成果总和类似的变化。"科技进步的速度甚至已超出个人的理解能力极限。

其次，大量新型科技成果进入人们日常的生产生活，深刻影响着人类思想、文化、生活和对外交流模式，进而影响政治、经济、科技、外交、社会等层面。比如，人工智能的发展——从无人驾驶汽车到无人机，从虚拟助手到自动翻译等，已开始深入人们生活的方方面面。

这些层出不穷的新技术应用于军事领域，奠定了强大的国防实力；应用于经济领域，不断催生出新的经济方式、产品、规则和业态。传统的生产生活模式被颠覆，新的政治、经济体系正在重塑。

最后，工业增值领域从制造环节向服务环节拓展。在大数据、云计算等技术的推动下，数据解析、软件、系统整合能力将成为工业企业竞争力的关键与利润的主要来源。利用大数据研究客户或用户信息，能够为企业开拓新市场，创造更多的价值。

比如，通用电气公司原来是以制造设备为主的企业，但现在将业务领域拓展到技术、管理、维护等服务领域，而这部分服务创造的产值已经超过公司总产值的 2/3。显然，设备制造企业借助大数据技术，向设备使用企业提供预测性维护方案与服务，可以延伸服务链条，实现竞争力的提升和价值增值。

显而易见的是，与前三次的工业革命明显不同，第四次工业革命是全方位的革新。尽管在今天，能源、交通、制造"三驾马车"组成的现代工业体系已经成为人们的共识，但在第二次工业革命初期，产学各界与各国政府面对的仅仅还只是各种各样的技术，并不知道如何让它们发挥价值，也不知道应该整合怎样的体系来囊括它们。

第四次工业革命最重要的特征就是多种技术融合，形成新产业链逻辑，以及"技术—商业"的裂变效应，最终成为城市、企业、行业提升普遍生产关系的基础。比如，由智能制造提供支持的服务和业务模型使公司可以简化整个价值链中来自供应商、生产商和客户的生产关系。制造商和服务组织可以访问前所未有的数据级别,从而更容易理解、控制和改进其运营的各个方面。

随着第四次工业革命的发展,历史将走上一个新的拐点,各国想要在新一轮工业革命中领跑,必须克服障碍、加速融合、综合发展。

第二章

走向泛工业时代

第一节　工业平台时代到来

平台经济是数字时代生产力的新组织方式，是经济发展的新动能。平台是生产要素沉淀、分发、流转和交叉融合的处所，通过利用资讯工具、即时通信及网络功能，平台可以将世界上任何地方的货品、服务供应商与客户连接起来。如今，不同种类的平台已经变革了消费者市场。随着第四次工业革命的深入发展，工业平台的时代终于到来。

一、从消费者平台到工业平台

信息技术的发展让人类社会从物理世界迈入数字世界。20世纪90年代，数字革命方兴未艾，开启了第一次数字经济的热潮。其中，数字技术主要在消费领域进入大规模商业化应用，门户网站、在线视频、在线音乐、电子商务等主要商业模式的终端用户几乎都是消费者，这一阶段因此被称作"消费互联网"阶段，消费者平台就是消费互联网时代的重要底座。

传统产业的构架呈现"V"字形，一边是供给侧，另一边是需求侧，中间则是作为供需双方中介的商品或服务。众多供应商与大量消费者分立于两侧，由于彼此的身份不明、难以辨认，加之信息不对称，进而容易造成交易效率低下和资源浪费。而消费互联网借助消费者平台获得了资源整合优势，可以在很大程度上提高供需双方的沟通效率。消费互联网的资源整合优势主要体现在"V"字形的两侧，供应商与消费者之间的纽带是商品，在交易完成后，关系即中断。

受益于平台的特质，消费平台型企业获得了具有传统企业所不具备的能量，包括非竞争性、网络效应、规模效应及范围经济。

从非竞争性来看，传统企业的经营活动大多依赖消耗性的生产资料，其经济活动的边际成本不能降为零，规模效应也就因此受限。而对于消费平台型企业，数据作为其生产资料几乎没有复制和传输成本，单个用户的使用不影响其他用户的使用，也不会增加企业的供给成本。比如一款网络游戏，当在线娱乐的用户数量增加时，新增成本几乎为零。因此，消费平台型企业可以为众多用户服务，其产能及规模效应往往不具有明确的上限。

同时，社交平台具备典型的同边网络效应，出于社交需要，用户往往偏向于加入使用者更多的社交平台，如脸书和微信。由于平台沉淀了社交关系，对于单个使用者的切换成本较高，甚至是不可替换的。而电商这样的双边市场则具有较强的跨边网络效应，商家数量和种类的丰富能够招来更多的消费者进入平台购物，而消费者数量的增多又会吸引更多商家的加盟，进而实现跨边的非直接的网络效应。

在规模效应上，一方面，数据具有规模效应。以贝壳找房为例，房源信息一旦在平台上架，不管有多少使用者获得了这个信息，其成本几乎没有差别。另一方面，技术也具有规模效应。以阿里云为例，其平台功能一旦被开发出来，无论供多少客户使用，边际成本都是较低的。反过来看，更大的规模可以给予平台更多的资金支持后续的研发和升级，从而逐渐形成竞争壁垒。

由于消费互联网不考虑商品的生产制造过程，应用场景相对简单，因而对网络性能的要求相对较低。同时，因为不考虑复杂各异的生产过程，应用门槛低且趋向同质化，所以消费互联网的发展模式可复制性强，易于迅速实现规模效应。另外，消费互联网的投资回收期一般较短，更容易获得社会资本支持，这也让消费互联网在数字技术的支持下获得了长足的发展。

对于范围经济来说，Bilibili 是国内动漫、游戏领域领先的视频平台，通过对平台上用户观看行为的分析，Bilibili 可以很好地掌握当前流行的动漫及游戏类型，以便之后公司开展动漫、游戏代理等业务，针对平台上用户的需求选择最合适的内容进行发行。范围经济使得消费平台型企业能够进入更多的业务领域，进一步助推了大型消费平台型企业的诞生。

事实上，消费互联网的发展正是由互联网企业主导和推动的，它能够根据商品的档次和类别快速整合供应商和消费者，本质上就是平台模式。再叠加平台模式强大的网络效应，所有用户都可能在网络规模扩大的过程中获得更高的价值。这就是互联网的上半场，即消费互联网的生态体系。

比如，从 B2C 到 C2C，亚马逊依托于互联网平台，以网络书店发迹，很快成长为一家"什么都能卖"的商店。亚马逊将数百万名消费者和几乎所有产品种类的上千家制造业者、经销商及零售商连接在一起，并且使用庞大的网络与数据分析功能，提供包括云端运算、资料储存及日渐增多的实体销售，横跨从书店到超级市场的服务。

除亚马逊外，尽管苹果公司依然以智能手机闻名，但事实上，苹果公司早已在平台赋能下从简单的通信工具提供商进化成为数千家数据、娱乐与服务供应商之间的连接商，包含从出版商和音乐公司，到电影工作室、游戏制造商及应用程序设计者等。

可以说，平台模式体现了互联网强大的网络效应，所有用户都可能在网络规模扩大的过程中获得更高的价值。脸书之所以能吸引数亿名用户，正是因为用户可以最大限度地在脸书上找到不同的人。这反过来又为脸书带来巨大的广告收益，以及来自销售给会员的游戏、应用程序与其他品项的一部分收入。

于是，在消费互联网的时代里，建立起平台的互联网企业无一例外地获得了优越的竞争力——消费互联网的平台让互联网企业不仅能够生产货品或直接向客户提供服务，还可以在商品与服务的提供者与需要商品与服务的消费者之间提供连接。而一旦平台达到某个关键的数量，它就可以进入一个良性循环，参与者的数量持续扩张以进一步带来价值。

但是，消费者平台的红利正在逐渐减退。一方面，随着"互联网+"趋势的深化发展，以及工业企业面临国际市场持续低迷、国内经济增速放缓、人口红利逐渐消失、节能环保要求不断提高、客户需求日益严苛等压力，加工制造业转型需求迫切。另一方面，在市场格局快速变迁和差异化竞争趋势日益明显的压力下，技术的迭代更新、市场需求的快速升级、商业模式的活跃创新也在倒逼工业企业寻求新出路。

在这样的背景下，工业平台作为制造业数字化、网络化和智能化发展的基础，再次掀起了新一代信息技术和制造业融合的探索与实践热潮，使得平台经济开始从消费者平台向工业平台过渡。

二、工业平台：更复杂、更多元、更强大

以平台化、柔性化满足各种定制化生产的工业平台，是实现智能制造的核心生产技术的重要载体。

工业平台以可提升的制造速度、准确度、效率与灵活度的惊人力量，与如今广为人知的消费者平台大不相同。工业平台的结构与功能更为复杂，并且会在与成功的消费者平台大相径庭的生态系统与市场中运作。

1. 更复杂的商业生态系统

工业平台将服务一个大型、错综复杂的商业生态系统。平台作为市场的参与者，与其他市场主体一样，首先是一家企业。企业以营利为目的，运用各种生产要素向市场提供商品或服务，自主经营、自负盈亏、独立核算。但是，与其他市场主体不同，平台企业向市场提供的商品或服务就是组织市场本身，即组织双边或多边群体进行交互与匹配，因此平台又扮演了市场组织者的角色。

正因平台具有市场参与者与组织者的双重身份，很多经济学家认为，这对科斯的经典企业理论提出了挑战——企业与市场作为配置资源的两种方式的边界变得模糊，平台既是企业又是市场。因此，有经济学家甚至直接将平台称为"市场的具化"。而作为资源配置方式的市场概念，可以简单概括为若干资源配置的机制，如价格机制、交易机制和竞争机制等。

所谓平台成为"市场的具化"，是指几乎所有的平台都在两个或两个以上的机制中扮演了重要角色，对资源配置产生着重要影响。比如，淘宝网扮演了交易机制的设定、竞争秩序的维持、信用体系的构建等角色。

因此，工业平台也将对市场资源配置具有影响力。工业平台面对至少四种使用者：

一是平台的直接使用者，即平台持有者和使用平台各种不同元素的众多企业，包括制造业企业、供应商物流公司、批发商、零售商、设计公司、行销顾问和其他服务供应商。

二是平台的间接使用者，即与平台或直接使用者互动的机构，包括监管机构、税务机构和其他政府部门，以及附属于大学的研究室，提供财务、法务、会计和其他专业服务的公司。

三是通信网络，即平台持有者向平台用户提供的内部系统，包括Wi-Fi、近距离无线通信、蓝牙、无线路由器、无限范围扩展器和中继器、外部的通信网络，如电信公司、网际网络骨干的供应商、网际网络服务供应商、内容传递网络和独立的物联网。

四是与平台连接的终端产品使用者，即平台持有者的客户和用户公司。

相较于消费者平台，工业平台的商业生态系统通常牵涉数百或数千家机构，更可能牵涉组织管理阶层中的数百万名个别参与者。这将是一个更加复杂的世界。

2. 更多元的使用者互动

如果说消费者平台让站在两侧的供需双方得以遥相辨认配对，那么工业平台则需要下沉，让消费者近距离参与，并让供给方贴身服务。对于供给侧来说，需要下沉到产业链的每个环节，穿透企业的边界，深入企业内部的日常运行层面，在供给侧凸显实体的地位。对于需求侧，消费者则参与生产甚至设计、创新等环节。

具体而言，消费者平台的服务对象是个人（2C），目标是改变人们的生活方式，面向中国 8.3 亿网民及 14 亿人口，而工业平台的服务对象则是企业（2B）。严格来说，工业平台的服务对象是各类组织，包括企业、个体工商户、农民专业合作社等市场主体，以及政府、学校、医院与其他事业单位、社会团体等组织，它改变了社会的生产经营和管理方式。在中国，仅市场主体就有 1.2 亿家。

这也说明，工业平台搭建的是长链，从要素到价值，需要由客户和服务商等多个生态共同体完成。工业平台的要素被服务商集成整合为解决方案，提供给作为客户的传统企业。依据解决方案，传统企业可以推动其内部运行的流程乃至流水线上的工序互联和生态化，最终向消费者提供个性化的服务。

3. 更强大的网络效应

与消费者平台产出的网络效应相比，工业平台创造的网络效应相当不同，而且可能更强大。这些网络效应将为泛工业企业的兴起做好准备。

消费者平台经济的全面崛起主要得益于以互联网为核心的信息技术带来交易成本的极大降低，使得平台模式所含的网络效应特别是跨边网络效应被发挥到了极致。网络效应作为一个网络产品或服务对用户的价值取决于网络中其他用户的数量，邮箱、微信就是典型代表。消费者平台经济的进一步拓展，使跨边网络效应出现，即一个平台产品或服务对用户的价值取决于平台另一端的用户规模。比如，网约车平台上的司机越多，平台对乘客的价值就越大；再如，微信用户越多，微信公众号或朋友圈广告对商家的吸引力就越大。这种跨边网络效应是平台模式超越传统非平台商业模式的核心优势。

工业平台时代的这种跨边网络效应还将进一步增强。工业平台的持有者将会在企业与消费者双方中打造更大的社群。这将使他们可以享有网络效应提供的更多好处，包括从企业网络与消费者网络的互动中成长所带来的好处。大型且尚在成长中的企业方网络，可以提供能吸引更多消费者的广泛资讯、货品与服务；而大型且尚在成长中的消费方网络，将吸引更多想要贩售货物给更多客户的企业。任何一方的成长都将有助于另一方在其他方面的成长。

当一家新的电子产品零售公司加入某个工业平台时，将会"附带"该公司所有的消费者客户，这些客户将能接收来自这一工业平台的信息与买卖邀约。他们将成为关联性产品、服务契约、零件替换与升级产品的贩售标的，也将让平台取得关于消费者偏好、购物习惯与浏览模式的额外资讯，让平台的企业用户更容易发出买卖邀约及有效锁定新客户。因此，透过两端网络效应的自我增强，帮助平台成长得更大、更强。

这也意味着，工业平台的管理者必然需要具备关于建造与维护企业和消费者两方的大型网络的技能。这种多技能的叠加，比起处理仅有消费者平台的管理者的工作，更具有挑战性，也可能获得更多的报酬。

此外，企业用户将有能力创造对工业平台其他大有价值的网络效应。许多企业用户会是经验老到的产品设计者；有些人具有工程方面的才能或技术方面的知识；其他人会是行销、贩售、物流、服务和其他重要业务活动的专家。经营良好的工业平台会想办法利用这些资讯与观念上的资源，平台管理者可能会发起能为其他平台用户衍生出具有价值构想的共同创作、协作及群众外包业务。

最后，随着企业用户的数量增长，工业平台的网络效应将得到进一步扩大。如采购3D打印所使用的同一种金属粉末的多家公司，可以使用工业平台来集中他们的订单,并因此获得批量折扣、运输与仓储服务,以及其他优惠的商业条件。

为重叠的客群生产相关商品或服务的公司,将会利用平台的影响力打造出吸引人的套装产品——如制造婴儿服饰、婴儿家具、纸尿裤、玩具和出版儿童书籍的公司,共同合作开发出可以在消费者平台贩售的新生儿用品或产前的套装产品。

同一个市场里的公司也可以通过分享消费者资料来积累价值。从物联网的购物活动、浏览结果及其他地方收集而来的数据,可以使企业进行既有与潜在客户的深度分析。从中获得的信息可以帮助公司创造更贴近客户需求的产品,也能帮助他们更有效地行销这些产品。

工业平台可以为企业用户创造网络效应,并且几乎是没有限制的。由于网络效应,市场占有率更高的平台能够给用户带来更多的价值,进而吸引并聚拢更多的用户,并且对平台上已有的用户具有较强的黏性。最重要的是,持有最佳工业平台并享有那些因庞大网络效应自我强化所带来的好处的公司,将会处于有利的市场位置,成长为未来泛工业世界的巨头。

第二节　打造工业平台

在不同的领域中,被称为"平台"的事物也不尽相同。在产品层面,"平台"通常表示公司中创造新一代产品或某种系列产品的项目。1992年,Wheelwright 和 Clark 使用"平台产品"来描述那些通过改变、替换原产品的某些特征,同时依然能够满足核心客户需求的衍生新产品。在技术系统层面,"平台"被定义为行业中有重大价值且对行业起控制作用的关键点,如计算机行业中的操作系统、浏览器的内核等。在交易层面,经济学家用"平台"来表征在两个或多个交易方之间,负责中介交易的机构或公司。

尽管在不同领域,许多完全不同的事物都被赋予"平台"的称号,如软件程序、网站、操作系统、汽车车身和游戏主机等。但是,这些被称为"平台"的事物也往往具有一些共同的特征,如多数"平台"的定义均强调产品、某个行业或系统中重复使用及可以共享的元素。

Meyer 和 Lehnerd 认为,平台是一组可以重复使用的通用组件,企业可以在此基础上有效地创建一系列衍生品,而可以重复使用的元素只是平台系统架构的一部分。Wheelwright 和 Clark 指出,平台系统架构包含一种外围组件,可以在核心功能的基础上,新增额外功能并不断改进,为细分市场生产针对性的衍生品。Whitney 等人则更准确地定义了平台系统架构,指出该架构包括功能列表、用于实现不同功能的外围组件、不同组件之间的接口及系统在不同条件下运行效果的描述列表。

归纳而言,平台系统架构的基本特征为:某些核心组件在平台的整个生命周期中基本保持不变,其他外围组件具有多样化的特点。同时,不同组件之间需要必要的接口,即平台系统架构的共性特征是由稳定的核心组件、多样的外围组件和组件间的接口三部分组成。

其中,核心组件具有重复使用的特征,随着市场环境的改变,不必从头设计或重建系统,可以通过提高外围组件的多样性,针对细分市场同时开发多种衍生品来创造范围经济;而核心组件的量产和重复使用,摊销了整个产品系列或产业演进中的固定成本,也实现了规模经济;提高接口的标准性,可以降低外围组件与核心组件兼容的成本,这又进一步降低了产品成本。可见,平台通过具有模块化、连接性和界面标准的产品技术架构来实现平台优势。

基于平台而诞生的工业平台是新型基础设施建设中涉及智能制造与工业互联网领域的深度交叉平台。其中,核心层为工业平台架构中长期不变的模块,具有基础性和通用性,如人工智能、大数据、云计算等方面的核心智能制造技术;应用层为工业平台架构中具有多样性特征的外围模块,如细分市场的衍生产品、工业软件系统中的微服务模块、平台的个性化拓展服务、企业定制工业 App 等,以适应多样、变化的需求场景;接口层为数据源与核心层、数据源与应用层、核心层与应用层及各层架构内部主体之间的接口,如网关、通信协议、行业标准、数据转换等。

工业平台将不再局限于传统处理器(CPU)技术,以大数据分析推进技术研发和前沿产品设计,建设智造企业。工业平台不仅以数字技术更新产业制造设备,借助大数据、物联网、区块链技术实现应用厂商、云服务商、IDC 专业服务等新基建升级,还将借助产业集成数据预测未来行业走向,智能化定制发展战略,进一步完善柔性生产系统。工业平台是第四次工业革命发展与延伸的基础保障,更是大数据时代连接企业与用户的核心纽带。

打造工业平台,需要企业摆脱技术依赖性,避免技术创新的过度惰性,警惕技术博弈创新过程中的冒进。同时,需要企业在整合生产资源和用户资源的基础上提高技术研发效率,实现技术边际收益递增,推动技术外溢的正外部性实现,进行企业工业平台的内生创新改革,树立产业创新的网络范式,最终形成产业区域创新和集群创新的生态范式。

一、推动产业生产力

工业平台化不是凭空产生的社会进程，而是以前期技术积淀为支撑，以人工智能和新一代信息通信技术等先进技术作为产业变革的拐点。

推动产业生产力，首先，需要以人工智能等新技术作为技术支撑。智能制造的关键在于"智能"，而"智能"则需依托人工智能技术来实现，因而人工智能技术是制造业智能化的支撑技术。以离散型制造为例，其具有设备分散、工序不连续等特点，推动离散型制造智能化就需要通过智能传感器收集基础数据，应用智能机床、工业机器人及智能仓库系统实现柔性生产、赋予产品智能、实现价值增值。这一系列过程均是以人工智能技术作为基础的，通过对各个制造流程进行智能化改造而最终达到的。

其次，需要以工业互联网作为连接方式。企业智能化不代表产业智能化，由企业智能化走向产业智能化需要将所有企业连接起来，因而工业互联网是制造业智能化的连接方式。工业互联网的作用在于将生产制造中涉及的机器、设备、网络和工作人员通过互联网的方式建立起关联，实现"人—机—物"的充分互联，基于多种智能预测算法来量化制造活动和环节，构建起庞大的工业互联网，并以工业互联网作为制造业企业协同发展的纽带，不断推进智能制造的进程。

最后，需要以构建新型制造体系作为发展目标。智能制造的推进不仅需要制造业企业实现智能化，还需要依赖其他相关行业的发展。也就是说，要以构建新型制造体系作为产业智能化的发展目标。以制造业企业智能化为主要发展方向，发挥相关产业（如信息服务业）对制造业企业的配套支撑作用，鼓励不同产业的企业信息互联跨界融合，立足于高端智能装备国产化，完善工业互联网基础设施建设，从系统上推动工业平台发展。

二、强化创新效能

创新是制造业发展的引擎，是结构调整优化和转变经济发展方式的不竭动力。因此，美国与德国在发展制造业的战略行动计划中都将创新放在极其重要的位置上。但历史已经告诉我们，科技、产品与制程上的创新尝试，往往过于脆弱或是与商业生态系统脱节而导致的。

例如，诺基亚开创性的 3G 手机，因为公司生态系统的合作伙伴无法及时开发出影像串流、位置导向的装置及自动化支付系统，落得失败的下场。又如 1980 年，飞利浦电子公司改革性的高解析度电视，由于缺少高解析度相机与支援性的传输水准，也以失败收尾。

一个工业平台可以通过加强生产者与使用者之间的伙伴关系来支持创新。当生产者开发新的产品构想时，其他使用者可以协助发展可靠的供应链、采用相关科技、提供关联性产品服务，并且在经销与行销这项新产品上的共同合作来支持这项创新。

三、多地理位置创造范围经济

依赖传统制造方法的公司很难服务于任何一个需求低量产品的市场。如果特定的国家或地区不能支持大规模市场的生产，那么大部分的公司就会选择从另一个地点出货，或完全跳过这个市场。

工业平台对这个两难局面有许多解决方式。如电子监测或控制远在他方的小型工厂，加上可以快速、轻易改变生产计划的弹性，使制造商即使在低密度地区也能打造多模式工厂。根据紧密追踪需求，制造商可以做出精确的决定，依照需求变换产品或零件生产多样性的可用商品，即使是小型市场也可以满足。

工业平台还可以让多国企业更容易跨国或跨地区追踪某项产品需求的变化。针对消费者偏好与倾向的最新资讯，有助于企业修改生产计划，以更精准地符合需求，并因此减少生产、运输与储藏未售出商品的成本损失。这个平台也可以辨认出当地理想的零件与原材料资源，协助优化公司的供应链，降低风险，并进一步增加利润。

另外，使用相同平台的企业，可以结合来自同一国家或地区的不同产品的订单，创造出他们可以有效执行并负担得起的高品质、高价值产品。工业平台不仅能借此追踪与合并订单，还可以辨认出最佳的运送路线与方式，利用在特定时间内的价格优惠带来助益。提升工业平台所产生的这些效益，可以帮助企业服务多重的中小型市场，得到更高的利润。

当然，工业平台的建设非一朝一夕之功。当前，从实践来看，工业平台仍处于初级阶段。尽管平台技术和服务能力已实现单点创新，但要形成系统突破还需探索构建共赢发展的开放合作生态。

第三节　以泛制胜：泛工业革命

任何制造系统都包含两个尺度，即制造技术系统和伴随制造技术系统的制造模式系统。制造技术系统是制造技术的集合，推动着生产力不断向前发展，而制造模式系统则影响着技术投入的种类、转换过程的性质和系统的产出。因此，制造模式系统决定着技术利用的有效性和效率。如果简单地试图使技术系统最优化，则可能使社会制造的总效能降低。

泛工业时代是一个制造技术嬗变协同制造模式嬗变的时代。当前，以物联网和大数据为代表的信息技术、以绿色能源为代表的新能源技术、以 3D 打印技术为代表的数字化智能制造等技术系统正协同创新，将柔性化、智能化、敏捷化、精益化、全球化与人性化融为一体，改变着制造业的生产模式和全球经济系统，引领人们的生活走向"泛"化的工业时代。

只有把握"泛"工业，创造"泛"优势，迎接"泛"挑战，才能以"泛"制胜未来。

一、制造技术的嬗变

20 世纪 80 年代，先进制造技术的提出是新一轮制造技术嬗变的开始。

先进制造技术的概念起源于美国，早期是指以计算机和信息技术为基础的制造技术群，主要包括计算机辅助设计、计算机辅助制造、计算机辅助工程、机器人及柔性制造技术、自动控制系统、数控技术及装备等。但是，随着技术的发展，其内涵不断扩展，包括当前各种新出现的、先进的机械加工技术，如纳米加工、激光切割、增材制造等。

从生产流程来看，先进制造技术与传统制造技术相比，制造过程有极大的不同。传统制造是利用制造资源将原材料转换为产品的过程，仅为生产过程的一部分，一般包括产品的加工和装配两大内容。制造商自行生产或从供应商处购买零件，将其组装成产品并检验。制造过程中输入的是原材料、能量、信息、人力资源等，输出的是符合要求的产品。传统的制造系统设计、制造与销售各部分之间信息的传递与反馈不畅，各部门按功能分解任务，容易只考虑本部门的利益，对系统的优化考虑较少，造成设计与制造部门间难以协调、矛盾突出等问题。

先进制造技术主要从材料设计、制造流程改造、产品服务融合的集成解决方案和循环利用四个方面拓展传统制造技术的内容：新型材料的成形和加工技术越发重要，对材料分子层或原子层的定向改造极大地提高了产品性能，超硬材料、功能梯度复合材料的某些新的成形、加工技术将不断涌现，如超导材料加工等。

对于制造流程改造来说，传统制造技术是面向批处理、时间上和空间上分离的分布式加工，先进制造超效能加工和自动化技术能够促进连续流制造，减少零件库存。

并且，先进制造强调涵盖从产品研发直至客户应用的全过程，提供产品、软件和服务于一体的产品解决方案，以及端对端的服务。知识资本、人力资本和技术资本的高度聚合，使制造活动摆脱了传统制造低技术含量、低附加值的模式。通过产品设计、管理咨询等活动，技术和知识在生产过程中被实际运用，将技术进步转化为生产能力和竞争力，为企业产生更高的附加价值。

此外，先进制造过程注重材料的回收利用，不但对环境友好而且节约原材料成本。传统的产品制造模式是一个系统，即"原料—工业生产—产品使用—报废—弃入环境"，这是以大量消耗资源和破坏环境为代价的制造方式。但是，先进制造技术顾及了生态环境和资源效率，从单纯的产品功能设计扩展到生命周期设计。

其中，增材/精准制造用于对加工阶段的改造；机器人/自动化技术用于组装和生产流程的自动化；先进电子技术用于产品和服务的融合及加工过程的控制；供应链设计以整体效益最优化为目标，以系统化的观点综合考虑人、技术、管理、设备、物料、信息等系统构成要素的优化组合,在满足产品或服务供给要求的同时,达到成本最低;清洁生产技术主要用于材料的循环利用、回收等环节;分子生物学和生物制造用于材料设计及制造流程的改进;纳米材料技术用于合成与加工功能梯度材料、复合材料等;物联网、云计算和大数据用于对产品全生命周期制造过程进行全方位跟踪、分析、优化和控制,实现多维度、透明化的泛在感知,确保制造过程的高效、敏捷、可持续和智能化。

可以看出,先进制造技术注重经济效益和技术的融合,通过柔性生产、灵活生产、产品差异化、注重效率和质量等方式增强企业对市场的反应能力、提高自主创新能力,为客户提供更加人性化的服务,具有产品质量精良、技术含量高、资源消耗低、环境污染少、经济效益好等特性。

二、制造模式的嬗变

制造模式是制造业为了提高产品质量、市场竞争力、生产规模和生产速度,以完成特定的生产任务而采取的一种有效的生产方式和一定的生产组织形式。从制造业的发展进程来看,不同社会发展时期决定了不同的制造思想、生产组织方式和管理理念,它们相互作用、共同决定了特定时期的制造模式。

以计算机信息技术和智能技术为代表的高新技术以其高渗透性、高带动性和倍增性,不但使得信息产业和智能产业在国民经济中的地位迅速提高,而且也对传统制造进行了塑造。其用扁平化、网络化的结构方式组织制造活动,追求社会整体效益、顾客体验和企业盈利,成为最优化的柔性生产系统,网络化协同、个性化定制、服务化延伸及智能化生产的制造模式，成为新科技群的协同效应和深度融合的结果。

从网络化协同来看，其是指在产品全生命周期制造活动中，以信息技术和网络技术等为基础，实现快速响应市场需求和提高企业竞争力的制造模式。例如，企业借助互联网、大数据和工业云平台，发展企业间协同研发、众包设计、供应链协同等新模式，实现有效降低资源获取成本、大幅延伸资源利用范围的目标，从而加速从单打独斗向产业协同转变，提升产业整体竞争力。

从个性化定制来看，互联网、大数据及云计算、算法和柔性化生产能力与水平提升，推动个性化定制迅速发展。借助工业平台，企业得以与用户深度交互、广泛征集需求，运用大数据分析建立排产模型，依托柔性生产线在保持规模经济性的同时提供个性化的产品。个性化定制通过工业平台和智能工厂，将用户需求直接转化为生产排单，实现以用户为中心的个性定制与按需生产，有效满足市场多样化需求，解决了制造业长期存在的库存和产能问题，从而实现产销动态平衡。例如，在以3D打印为代表的个性化制造系统中，消费者不再被动接受或仅仅从企业给出的产品清单中选择自己喜好的产品，而是亲身参与产品的设计过程，并直接成为产品的生产者。

服务化延伸则是为实现制造价值链的增值，通过产品和服务融合、客户全程参与、提供生产型服务或服务型生产，实现分散的制造资源整合和各自核心竞争力的高效协同，达到高效创新的一种制造模式。

企业可以通过在产品上添加智能模块，实现产品联网与运行数据采集，并利用大数据分析提供多样化的智能服务，实现由卖产品向卖服务拓展，有效延伸价值链条，扩展利润空间。构建智能化服务平台和智能化服务将成为新的业务核心，以摆脱对资源、能源等要素的投入，更好地满足用户需求、增加附加价值、提高综合竞争力。

智能化生产是利用先进制造工具和网络信息技术对生产流程进行智能化改造，实现数据的跨系统流动、采集、分析、优化，完成设备性能感知、过程优化、智能排产等智能化生产方式。同时，它也是在新一代信息技术、云计算、大数据、物联网技术、纳米技术、传感技术和人工智能等基础上，通过感知、人机交互、决策、执行和反馈，实现产品设计、制造、物流、管理、维护和服务的智能化，是信息技术与制造技术的集成协同与深度融合。

在产品加工过程中，智能制造将传感器及智能诊断和决策软件集成至装备，由程序控制装备上升为由智能控制装备，能自适应反馈被加工工件实时的状况。例如，基于信息物理系统的智能制造生产过程与传统的数控加工技术相比，能感知温度、环境、加工材料的属性变化，并做出相应调整，不会死板地执行预定程序，能够保证加工出的产品精度。

三、以泛制胜，革命先声

以生产方式变革为主线的新兴制造技术和制造模式的涌现、协同、融合将人类社会推进至泛工业时代。

一方面，泛工业革命不是依赖单一学科或某几类技术，而是全方位的多学科、多技术、深层次、宽领域的协同效应和深度融合的革命。新一代信息技术包括云计算、大数据、物联网、云平台等，新能源如再生能源、清洁能源等，新材料如复合材料、纳米材料等，将为泛工业革命创造强大的新基础设施。网络化制造、制造物联、云制造、智能制造等分散式制造，以及众包生产、集群效应、利基思维等使生产方式发生变革，将整个工业生产体系提升到一个新的水平，工业生产、经济体系和社会结构将从垂直转向扁平、从集中转向分散。

并且，以智能制造为代表的新一代先进制造模式，必将使商业模式、管理模式、服务模式、企业组织结构和人才资源需求发生巨大变化。这将给工业领域、生产价值链、业务模式乃至生活方式带来根本性变革，进而推进和实现泛工业革命。

另一方面，泛工业革命将广泛深入所有行业，因此，迎接这场革命的战略准备不能狭隘地停留于前沿制造技术的突破，更应该将技术与行业融合，打造具有创新优势和管理优势的泛工业平台。

一是制造技术嵌入更大的技术创新系统中。泛工业革命是将包括数字、电子和材料在内的基础技术及模拟、数字建模、机器人、人工智能、过程控制传感器、测度等技术工具向设计、开发、制造、配送和服务的各个环节应用和渗透的过程。因此，一国对先进制造技术的突破必须打破传统、静态的技术和产业边界，或者形成独立的创新能力，或者具备接入和利用全球创新资源的能力，通过培育、整合各领域的技术能力才能形成具有竞争优势的现代制造能力。

二是制造技术嵌入企业的管理系统中。新一代制造技术的应用和执行过程从来都是制造技术与企业战略、营销和基础管理工作的系统性协调变革。对美国柔性制造系统的一项调研发现，20世纪90年代初期，美国采用的柔性制造系统中高达20%的设备并没有实际投入使用，而制约这些设备使用的主要原因就是企业管理和员工能力没有与新的设备相匹配。可以预见，泛工业革命必然伴随着产品创新、管理、商业模式等方面的变革，发生在工厂中的制造革命只是企业总体战略变迁的一部分。

对泛工业革命内涵的理解必须通过与社会科学（如经济学和管理学）等跨学科的对话和交流，适当突破自然科学和工程技术学科的理论范畴。工业发展历程表明，新的生产模式的出现均是与特定的社会制度、组织结构和经济因素等相互作用的产物，而新的制造模式又会对既有社会制度和管理方式提出新的要求，从而推进企业管理模式、社会制度环境的变革。

总体来说，在市场、技术、社会经济环境变化与全球一体化趋势的推动下，制造业正在经历着一场革命，一场以实施先进制造技术和经营方式彻底变革为主要内容的先进制造模式的革命，涉及制造理念、制造战略、制造技术、制造组织与管理各个领域的全面变革。

第二篇

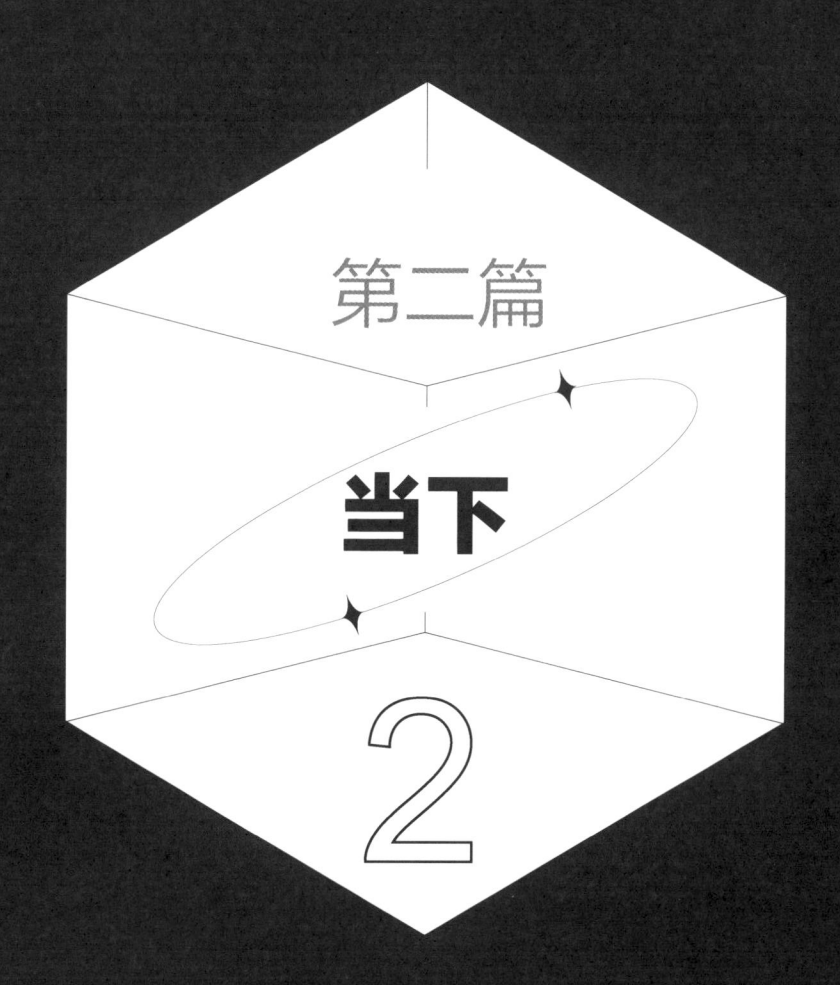

当下

2

第三章

制造技术群

第一节　3D 打印：增材制造与精密成形

2012 年，英国《经济学人》杂志刊文将 3D 打印技术视为第三次工业革命的重大标志之一，引起了全球的广泛关注。作为一项革命性技术，3D 打印无须在工厂进行操作，也就意味着无须机械加工或者任何模具。这毫无疑问将大大缩短产品的研制周期，提高生产效率并降低生产所需的人力资源成本。

3D 打印为社会民众充分参与产品的全生命周期的制造过程，实现个性化、实时化、经济化的生产和消费模式提供了可能。随着 3D 打印技术的持续加速发展，其应用领域逐步渗透到人类生活的诸多方面，并且正在深度与广度上重塑了社会形态与人们的思维与认知方式。

一、从减材制造到增材制造

很难想象，作为近些年才被广泛认识的 3D 打印，早在 1983 年就已经诞生。3D 打印技术作为在现代 CAD/CAM 技术、机械工程、分层制造技术、激光技术、计算机数控技术、精密伺服驱动技术及新材料技术的基础上集成发展起来的一种现代制造技术，是推动制造业新一轮生产模式变革的重要技术之一。

3D 打印，即三维立体打印。相较于常见的二维平面打印，3D 打印有所同，也有所不同。事实上，无论是二维平面打印还是三维立体打印，本质上都是一种打印技术。不同的是，二维平面打印最后以平面形状的方式将文件内容打印出来，除了传递信息，二维平面打印并不具备实际的功能。而与二维平面打印相比，3D 打印可以直接实现功能。

将想要打印的物品的三维形状信息写为 3D 打印机可以解读的文件，待 3D 打印机解读文件后，以材料逐层堆积的方式打印出立体形状。可以说，三维的形状就是功能的基础，打印出了形状，也就打印出了功能。

此外，与"减材制造"相对的是，3D 打印又称"增材制造"。对于现阶段的制造业来说，目前普遍使用的材料加工技术多为减材制造技术，即对原材料进行去除、切削、组装等加工，使原材料具备特定的形状并可执行特定的功能。而增材制造则直接将原材料逐层堆积成特定的形状，以实现特定的功能。

增材制造的工作过程主要包括三维设计和逐层打印：先通过计算机软件建模，再将建成的三维模型分区成为逐层的截面，指导打印机逐层进行打印。与传统的减材制造方式相比，增材制造无疑具备很多优势。

一是缩短生产制造的时间，提高效率。用传统方法制造出一个模型通常需要数天，根据模型的尺寸及复杂程度而定，而用 3D 打印的技术则可以将时间缩短为数小时。因此，与减材制造相比，增材制造尤其适合制造形状复杂的零部件。当然，这也受其打印机的性能以及模型的尺寸和复杂程度的制约。

二是提高原材料的利用效率。与传统的金属制造技术相比，增材制造机在制造金属时只产生较少的副产品。随着打印材料的进步，"净成形"制造可能成为更环保的加工方式。

三是完成复杂结构的实现，以提升产品性能。传统减材制造方式在复杂外形和内部腹腔结构的加工上具有局限性，而增材制造可以通过进行复杂结构的制造来提升产品性能，在航空航天、模具加工等领域具备减材制造无可比拟的优势。

比如，一台 3D 打印机可以打印出许多形状，它可以像工匠一样每次都做出不同的零件。对于传统的机床生产线来说，要加工不同形状的零件，需要对生产线进行复杂的调整。因此，增材制造尤其适合生产定制化的、非批量的物品。

二、入场智造，渗透制造

3D 打印的应用范围之广超乎人们的想象。理论上说，几乎只要存在的东西都可以通过 3D 打印复制出来。一开始，3D 打印主要是在模具制造、工业设计等领域被用于制造模型。随着技术的不断成熟，3D 打印已经在许多领域得到广泛应用，包括航空航天、工程施工、医疗、教育、地理信息系统、汽车制造等。

1. 传统制造

3D 打印无论是成本、效率还是精确度，都远胜传统制造技术，这种技术非常适合用于大规模生产。汽车行业在进行安全性测试等工作时，会将一些非关键部件用 3D 打印的产品替代，在追求效率的同时降低成本。

2011 年 8 月，英国南安普敦大学的工程师设计并试飞了世界上第一架"打印"出来的飞机。这架飞机的外壳由一款专门打印尼龙材质的 3D 激光打印机一层层叠印而成，相当轻便。

2015 年，美国国家航空航天局（NASA）基于 3D 打印技术，打印出航空火箭发动机的头部。这使得航空火箭发动机的零件大量减少，焊缝也随之减少。3D 打印技术在降低火箭发动机故障概率的同时，使迭代周期缩短、成本降低。

2020年5月，中国首飞成功的长征五号B运载火箭上，搭载着中国新一代载人飞船试验船，内有一台"3D打印机"。这是中国首次太空3D打印实验，也是国际上第一次在太空中开展连续纤维增强复合材料的3D打印实验。

2. 医疗

在外科手术中，3D打印技术可为需要器官移植的患者"量身打造"所需器官，无须担心排异反应。并且，打印一个人体心脏瓣膜，只需要价值10美元的高分子材料。2019年，以色列特拉维夫大学宣布，学校实验室成功打印了一颗"心脏"，这是世界上第一个利用患者的细胞和生物材料3D打印出的三维血管化的工程心脏，也就是具有血管组织的三维人造心脏。

3. 建筑设计

在建筑行业里，工程师和设计师们逐渐开始使用3D打印机打印建筑模型，这种方法快速、成本低、环保，模型制作精美，完全合乎设计者的要求，同时能节省大量材料。在迪拜，政府甚至选择3D打印来建造政府大楼。3D打印建筑的主要作业由机器完成，一体成型，速度快，工人的作用多为操作和检验3D打印机的工作情况。因此，该技术对人力的需求比传统建筑行业少。

4. 个性化产品定制

3D打印技术成功地把虚拟世界与现实世界连接起来，将人们头脑中的想法转变成计算机中的数据建模文件,再通过打印设备使之变为真实可感的现实之物。在未来,通过互联网,人们所需的产品、消耗品都可以建立对应的图纸，配合相应的材料及云服务技术，实现对每一台 3D 打印机的实时控制，帮助每一个人生产出其所需要的产品。无论是笔筒，还是手机外壳，无论是独一无二的戒指，还是其他的个性化产品。

与此同时，在社会化制造的生产方式下，数量众多的 3D 打印机将形成规模庞大的制造网络，并与互联网、物联网无缝连接，形成复杂的社会制造网络系统。其最大的特色是消费者可以直接将多元化需求转化为产品，实现"从想法到产品"的充分转化，并使消费者能通过互联网参与产品设计、改进等过程，从而最大限度地满足社会多元化需求。可以预见，随着 3D 打印技术向社会生活不同领域的渗透，人类世界将迎来一个产品更加丰富多彩的新时代。

随着技术的逐步成熟，3D 打印不断展现着其商业价值。

三、3D 打印的未经之路

当 3D 打印逐渐走进人们的生产与生活，人们也将"万物皆可打印"一步步推向现实。其巨大的发展前景和广阔的应用空间令行业期待，但同时，作为一项快速发展的技术，要想发挥 3D 打印的积极影响，仍有很长的路要走。

一方面，对于标准产品的加工，3D 打印的规模效益不如传统的加工方式。与传统的加工方式相比，3D 打印制造过程中的固定成本更少。这就会导致在规模化生产标准产品时，3D 打印制造的边际成本下降，不如传统的加工方式。

例如，使用传统的注塑方式加工一个橡胶零件，所使用的模具属于固定成本，由于产品是标准化的，批量加工该零件时，就使得每个零件分摊的该项固定成本变小。因此,利用该模具加工的零件趋向于无限多,则每个零件均摊的成本趋近于 0；而如果利用 3D 打印加工该零件,不需要用到任何模具,因此即使用该技术批量加工完全相同的零件,也不存在均摊的固定成本降低的情况。

另一方面,对于 3D 打印来说,当前可用的原材料种类仍然有限,能加工的材料种类不如传统加工方式多,主要有两个原因：一是由于对于性质不同的原材料,使用的设备原理往往有所不同,因此可以使用的原材料种类的开发,受限于对应的设备研发进展；二是由于 3D 打印的原材料往往需要特定的形态,如金属 3D 打印常使用金属粉末作为原材料,且对金属粉末的均匀度、含氧量、颗粒大小等都有所要求。相对于型材来说,粉末的加工难度更高,且相应的产业链尚不如传统材料那样广泛而庞大。

而对于利用 ABS 塑料、光敏树脂等非金属材料的 3D 打印来说,目前市场上已经有了比较多的原材料供应商,原材料的成本已经不是制约该技术发展的瓶颈；但对于金属、高端聚合物材料来说,由于供应产能的限制,价格仍然比较昂贵。

此外,3D 打印的零件力学性能及金属 3D 打印在加工精度、表面粗糙度、加工效率等方面仍有精进的空间。同时,成品是否坚固耐用,用户认知度是否提升,知识产权是否面临更多的侵权风险等都是 3D 打印在发展过程中必经却未经之路。

四、承载未来制造想象

从 3D 打印的商业应用和市场化来看,经过 30 多年的发展,3D 打印行业已经形成一条比较完整的产业链,包括上游的制造 3D 打印设备所需的零部件、打印过程中所使用的各类原材料、设计和逆向工程所需要的软硬件；中游的 3D 打印设备及服务；下游的航空航天、汽车制造、医疗、教育等应用领域。

事实上，无论在全球范围内还是中国市场内，3D 打印的行业规模都呈现快速增长。据咨询机构 Wohlers Associates 统计，2013 年全球 3D 打印行业总产值为 30.3 亿美元，2018 年达 96.8 亿美元，5 年间复合增速达 26.1%。该机构预测，2019—2024 年，全球 3D 打印行业将保持着年均 24%左右的复合增速。

与全球平均水平相比，中国 3D 行业的市场规模增速更高。2013 年国内 3D 打印产业规模仅为 3.2 亿美元，2018 年该规模达 23.6 亿美元，5 年的复合增速达 49.1%。预计在 2023 年，中国 3D 打印行业总收入将超过 100 亿美元。

显然，3D 打印已逐渐从导入期步入成长期。3D 打印不受空间的制约，能够缩短供应链流程，生产效率更高，制造门槛更低。

中国消费级 3D 打印机制造商创想三维，既是 3D 打印风潮中的获益者，也是国内 3D 打印行业的主要参与力量。创想三维于 2020 年 3 月的出货量达 5 万多台，4 月初接到订单近 16 万台，4 月销售额为 2.2 亿元。同时，闪铸、爱用科技、光华伟业、潮阔电子等出口型 3D 打印机生产企业也反馈了积极的消息。

事实上，许多技术创新站在取得突破的门槛上，但其中却少有几项技术有望提升生产率。但是，3D 打印却与之不同——它在设计上就是一种有助于提高生产率的工具。如果将 3D 打印与机器人结合起来，其影响将会更大。机器人在 3D 空间中非常灵活，而 3D 打印机可以构建复杂的东西。

过去 40 年里，中国制造业经历了由复苏向崛起的快速发展，总量规模不断扩大，产业结构转型加快，综合实力和国际竞争力显著增强。在制造业飞速发展至"工业 4.0"智能制造的今天，大规模定制、开放式创新与智能化工厂，这些变化将是 3D 打印智能制造最直接的体现。

3D 打印技术承载了人们对未来制造模式的想象，是数字时代人类技术积累到一定阶段所孕育出来的新技术。在未来，传统制造的物理限制和空间限制将不再那么重要，设计、生产将更加扁平化、更加开放。

第二节 纳米技术：把百科全书写在针头上

1959 年 12 月，物理学家理查德·费曼以"在微小等级操纵和控制事物的问题"为主题发表了名为"底部充足的空间"的演讲。在演讲中，费曼不满足于在针头上刻字母的技术，从而进一步提出："我们为什么不能把整本的百科全书写在针头上？"

就是这个在当时看似难以实现以至于并没有引起过多关注的想法，成为纳米技术最早的科学预测，并从根本上开启了纳米技术科学发展的序幕。1990 年，唐·艾格勒和埃哈德·施魏策尔使用扫描电子显微镜操控镍表面上的单个氙原子，首次操纵原子写出"IBM"，实现了费曼的设想。

当前，纳米技术经过数十年的发展，已经蔚然成风。纳米技术作为微纳尺度上的创新性技术，能够制造出具有高度柔韧性、导电性、耐用性的新材料，所使用的纳米仪器和制备的纳米颗粒令科学、工业和日常生活的各领域都发生了显著改变。

一、从长度单位到技术可能

作为长度单位的纳米，并不让人陌生。1纳米是1米的十亿分之一，分子和DNA的度量单位是1纳米，一根头发的厚度是75000纳米，注射用的针头的直径是100万纳米。

当材料的三维尺寸中某一维的尺寸达到了纳米级，即0.1至100纳米，具备这样特征的材料就可称为纳米材料。并且，在纳米尺度上，材料会呈现出与宏观尺度上完全不同的物理学、化学和生物学特性。

例如，在常规的化学反应中，键使原子结合，反应物保持在促进最低自由能的精确方向，每一种反应物都具有不连续的能量。在化学反应中发生的原子的重新排列总是伴随着热的释放或吸收，断裂键吸收能量，形成键则释放能量。

在纳米尺度中进行相同的反应时，反应物可以利用"分子机器"通过输送带上的夹具保持精确方向，在适当的角度和力量下结合在一起。输送带随着反应的发生而移动，将达到每秒催化超过100万次的反应。

事实上，纳米尺度展现的不同特性早在远古时期就已有记录。只不过，当时虽然已经得到一些应用，但并未形成学科。公元前6世纪的莱氏杯（Lycurgus Cup）就是古代工匠在杯子的制作材料中加入胶体金和银纳米颗粒，在光照作用下，使杯子的颜色可以从绿变红。莱氏杯现存于大英博物馆，也是目前发现的最早的纳米技术应用。

显然，尺度的缩小使纳米物质呈现出既不同于宏观物质也不同于单个孤立原子的奇异特性。在这一科学发现的基础上，纳米技术应运而生。

纳米技术是对 100 纳米以下的物质进行探索和控制的技术，在一定的空间内操纵原子和分子，对材料进行加工，从而制造具有特定功能的器件。事实上，为特定功能而设计的分子一直是现代化学中的一部分。但纳米技术与化学不同，它不仅仅局限于溶液中分子和离子之间的吸引和结合。

也就是说，一旦制定出"自下而上"的具体过程（创建原子级的精确结构），那么，新型纳米机械和纳米制备系统的设计既可以应用于单个小型部件，又可以应用于大型系统。

科技革命为人类的生产和生活提供了新工具，纳米技术则通过纳米尺度的精准操作，调控物质的属性，赋予纳米材料理想的机械、化学、电学、磁学、热学或光学性能，使这些新型纳米材料在传统和新兴工业制造领域得到广泛应用。

二、以小博大——纳米技术的产业应用

当前，纳米技术经过数十年的发展，已经蔚然成风。纳米技术为物理、材料、化学、能源科学、生命科学、药理学与毒理学、工程学七大基础学科提供了创新推动力，成为变革性产业制造技术的重要源泉。

在医学领域，纳米技术为医护人员提供了新的非侵入性纳米药物，使得一些最难攻克的疾病的治疗取得了重大进展。纳米技术为药物传输和疾病治疗提供了新的方式和途径。借助纳米载体，药物可以突破人体的生物屏障，通过人为操控直接到达病灶区，在提高局部药物浓度、增强治疗效果的同时减少了对其他组织的损害，其优势在癌症治疗中已然显露。

针对多发性硬化症、阿尔茨海默病和帕金森病等疾病，可能每年只需进行两次简单的注射治疗就可见效。这些新的纳米药物可以使医疗保健大众化、价格平民化。纳米医学还可以通过药物输送方法、移动诊断、新疗法、纳米疫苗、纳米支架、抗微生物治疗、植入物和假体等新临床应用来改变医疗保健。传感器网络、纳米材料光学器件和 IONT 等领域的技术进步也可以使医生甚至患者通过远程医疗和远程手术等方式更好地把控诊疗过程和监测患者的健康状况。

针对流行病和瘟疫，可以使用纳米传感器、新的即时诊断方法和纳米药物进行监测和控制。使用纳米技术的相关治疗和诊断工具，以防止埃博拉和寨卡等病毒变成全球性流行疾病的这一研究已经展开，纳米技术将使我们能够更好地面对这些大规模的健康威胁。

有关报告预测，到 2050 年前，人类和动物过度使用抗生素将成为比癌症更广泛的健康问题，而纳米技术可以从食物和水中取出诸如抗生素或塑料等微小颗粒。纳米医学正在研究采用高度针对性的非侵入性治疗方案来攻克各种癌症。

在建筑领域，含有纳米成分的建筑复合材料将产生积极的作用。混凝土和水泥等建筑物黏合材料也可加入不同类型的纳米材料以提高其性能。因为许多纳米材料具有很高的抗拉强度，可以在施工期间和施工后用作压力表和应变计，以确保建筑物结构合理，由此解决极端温度下建筑物的承重及老化等问题，使城市发展更具可持续性。此外，纳米技术能使建筑物抵御恶劣的环境和气候污染（包括吸收空气中的二氧化碳），且能使建筑物更容易建造，更好地抵御未来可能会出现的地震甚至海啸等危险。

可内置于道路中的纳米传感器和石墨烯电池已经出现,可在管理交通流量和提供交通数据的同时为电动汽车充电,以实现时间和能源的最佳利用。目前掺杂了石墨烯的纳米级道路虽然还未普及,但在意大利罗马郊区已经开始了 1 千米长的道路试验,该试验表明,通过在沥青中加入少量的石墨烯,可以提高道路的耐磨性,使用寿命可延长 6 至 12 年,而且可以抵御气候变化。利用纳米技术,城市道路标志可以存储数据,将为未来的智慧城市及其公民创造更安全的交通环境。中国已开始在道路标志中使用纳米乳胶墨水,以跟踪全国各地的交通状况,这将极大地改善交通环境、驾驶安全和车流量等问题。

纳米材料在工业制造领域的应用将对现在及未来产生广泛而深远的影响。例如,在新能源领域,纳米技术为锂电池的发展带来了新机遇。利用纳米技术,传统锂电池充放电过程中的安全性(利用硅纳米线或者具有空心壳层结构的 S/纳米 TiO_2 等)、速度慢(应用碳纳米管等)、不稳定(使用超薄二维 BN/石墨烯复合材料等)等重大问题得以妥善解决。

实际上,当前针对锂电池的纳米材料的研究已经完善并实现了产业化。商业锂电池的能量密度已达 300 千瓦时/千克,锂电池动力汽车的续航里程可达 470 千米,随着纳米材料的进一步发展,锂电池性能的进一步优化,其能量密度有望达到 500 千瓦时/千克,实现 800 千米的续航目标。

纳米摩擦发电机是纳米技术在机械能发电领域的新应用。利用它可以收集传统发电机不容易获取的机械能,如摩擦能、风能、海浪能、机械振动等。目前,已有部分利用纳米摩擦发电机的产品问世,如自供电智能鞋、摩擦电空气净化器等。作为一种全新的绿色能源供给技术,纳米摩擦发电机将为物联网发展中微能源供应问题提供全新的解决方案,可以为大尺度的"蓝色能源"（海洋能）提供一种全新的技术方案，在普适化便携式电子产品的电源供应方面有广泛的应用前景。利用了纳米技术的纳米摩擦发电机，也有可能引领技术革新并深刻改变人类社会。

在电子信息产业中，纳米技术的应用将有助于克服以强场效应、量子隧穿效应为代表的物理限制和以功耗、散热、传输延迟为代表的技术限制，制造出基于量子效应的新型纳米器件，推动高性价比制备工艺的发展。

而在轻工业领域，人们日常使用的防晒霜，其主要成分是纳米二氧化钛或氧化锌，而纳米纤维则用于制造防皱、防污、抗菌的衣物，以及各类体育用品如网球拍、自行车等。

尽管纳米技术是以新兴的前沿技术出现的，但纳米技术离人们的生活并不遥远。可以说，纳米技术已经实现，只不过是以人们不易察觉的方式。比如，防晒霜通常含有二氧化钛（TiO_2）和氧化锌（ZnO）的纳米颗粒，两者都是高度紫外线吸收剂。

显然，纳米技术可以在微纳尺度上进行创新，以制造出具有高度柔韧性、导电性、耐用性的新材料，所使用的纳米仪器和制备的纳米颗粒使科学、工业和日常生活的各领域都发生了显著改变。在日益发展的科技时代，纳米技术对人们生产和生活的影响远未止步。

三、纳米布局带来的纳米思维

基于纳米技术广泛的应用未来，各国都在不断布局纳米技术战略并实施行动。

2000年，美国率先发布国家纳米计划，加强其在开展纳米尺度的科学、工程和技术开发工作方面的协调。近20年来，美国除了保持对纳米技术基础研究、基础设施两个领域的高投入以外，更注重发展纳米使能技术（NEPs），即利用纳米技术开发材料、器件和系统，支撑传统产业升级和新兴产业应用。

此外，世界上几乎所有的工业化国家都加快了推进纳米技术战略和研究计划的步伐，韩国、俄罗斯、中国、越南、以色列等新兴工业化国家和发展中国家纷纷根据本国国情制定了纳米发展战略和计划。

2001年，我国科技部联合多个部委发布了《国家纳米科技发展纲要》，成立了国家纳米科学技术指导协调委员会，提出加强基础研究、攻克关键技术及培养骨干人才等任务目标。各部委分别通过国家的"973计划""863计划"等对纳米新材料和新技术的研发进行了支持。

2013年，中国科学院启动"纳米先导专项"，希望利用纳米技术促进长续航动力锂电池和绿色印刷等产业技术的创新，同时培育和推动一批纳米核心技术在特定能源、环境与健康领域中的应用，解决若干制约国家骨干行业发展的关键技术瓶颈问题，带动新兴产业的发展。

2016年，科技部发布"十三五"国家科技创新规划，将新型纳米功能材料、纳米光电器件及集成系统、纳米生物医用材料、纳米药物、纳米能源材料与器件、纳米环境材料等的研发作为重大专项进行研究部署。

在各类项目和计划的支持下，中国纳米技术的发展态势良好，已经成为纳米技术研发大国。一系列成就包括成功研发出22纳米及以下集成电路技术研发的工艺平台；建成了世界上第一条真正实现规模化、低成本制备高品质石墨烯的生产线，启动了首条全自动量产石墨烯有机太阳能光电子器件的生产线；实现 40 纳米、28 纳米系统级芯片工艺的试生产等。

事实上，纳米技术的战略和行动除了在技术层面影响社会的生产外，更重要的是，纳米技术还可以衍生到方法论的层面——纳米技术带来的纳米思维，将从纳米尺寸、纳米特性、纳米技术的角度去重新定位产品的边界，进而带来产品升级、产业升级的全新思路和解决方案。

就像互联网技术带来的互联网思维改变了传统行业很多原有的模式一样，纳米技术将更加深入地改变产品的品质和性能。每缩短 1 纳米的距离，就意味着材料工艺的重新选择、配套系统的调整，进而提供一个长期的参考标准。

从纳米技术到纳米思维，人类社会还将实现新的进步。

第三节　新能源技术：绿色可持续

变燃烧碳基化石燃料的结构为使用可再生新能源的结构；重新认识构成世界的一砖一瓦，将每一处建筑转变成能就地收集可再生能源的迷你能量采集器；将氢和其他可存储能源储存在建筑里，利用基础设施来储藏间歇性可再生能源，并保证有持久可依赖的环保能源供应；利用网络通信科技把电网转变为智能通用网络，从而让上百万数量的人可以把周围建筑产生的电能输送到电网，在开放的环境中实现与他人的资源共享。其工作原理就像信息在网络上产生和传播一样；改变由汽车、火车等构成的全球运输模式，使之成为以可再生能源为动力的运输工具构成的交通运输网。在全国建立充电站，人们可以在充电站买卖电能。

可再生能源技术必然将人们带向一个绿色低碳的工业时代，而发展新能源技术将成为实现绿色未来的关键。

一、能源转换已至

尽管现代人们多以煤炭和石油来定义人类文明的第一次和第二次能源领域的技术革命，并认为两次技术革命分别对能源生产和能源消费产生了革命性影响。但在更大的时间尺度下，草木能源才真正是人类文明发展的起点。显然，人类绝大部分时间都靠草木能源赖以生存，并以此到达了农耕文明的巅峰。

人类文明在发展的最初是依赖于自然界中可以直接获取的用于消费的物质，如植物、动物等。原始人类的居住地也是天然的或略经处置就可以遮风避雨的自然场所，如洞穴、草棚等。

草木生生不息，但其生长受地域限制且数量有限。当时的人们随水草而居，一个村庄或城市需要人群聚落面积的30到50倍的草木以支持其日常能源消耗。

在草木能源的阶段，人类对能源的转化是极其简单的。对"火"及自身的关系的认识是古人发明的一项重要的能源操控技术，从对雷电引燃的森林或草原的野火的恐惧，到学会用火来烧烤猎物以熟食，再到用火来御寒、照明、驱赶野兽，人工取火方法的掌握标志着火作为一种能源真正被人们所利用。

两百多年前，瓦特发明了蒸汽机，烧煤把水变成蒸汽、蒸汽驱动机器来替代人做粗笨费力的工作，进而启动了工业革命，以化石为主要能源的纪元自此开始。在以化石为主要能源的纪元里，诞生了第一次和第二次能源革命。

其中，第一次能源革命以英国为代表，由煤炭取代了居主导地位的柴薪。按照瓦茨拉夫·斯米尔的量化标准，英国的能源转型始于1550年，至1619年左右完成，历时约70年。

1550年前后，煤炭在英国能源消费结构中的比重开始超过5%；1619年前后，煤炭在英国能源消费结构中的比重超过居主导地位的柴薪，完成了向煤炭系统的转型。转型完成后，随着经济发展及工业革命的推进，煤炭在英国能源消费结构中的比重还在增加，1938年时达到历史峰值（97.7%）。

第二次能源革命以美国为代表，由石油取代居主导地位的煤炭。按照瓦茨拉夫·斯米尔的量化标准，美国的能源转型始于1910年，至1950年完成，历时仅约40年。1950年，石油在美国能源消费结构中的比重（38.4%）首次超过煤炭（35.5%），成为主导能源。

近几百年来，化石能源的利用和生机蓬勃的科技创新让人类享受了空前的繁荣和富足，世界人口规模和人均GDP得以迅速增长，人类在不到一个世纪的时间内所创造的生产力，比过去一切时代所创造的生产力还要多。究其原因，工业机器、化学、轮船、铁路、电报等都需要大规模的能源作为基础和支撑。

过去几十年的经济发展速度和能源供应曲线显示，现代社会经济的发展和能源具有极为紧密的关联性，能源供应的波动必然引起经济发展的波动，反过来，经济发展的波动也引起能源消费的波动。人类离不开能源，能源供应中断事故造成的破坏性后果，更是直观地展现了人类基本的生产和生活对能源的依赖性。

然而，对化石能源的严重依赖隐藏着严重的危机：一方面，对化石能源的开采是有限而非无穷的。虽然还有未曾发现的化石能源蕴藏，但化石能源的储量终究是有限的。如果不能找到合适的替代能源，按照2018年的消费速度，在80年左右的时间内，全球化石能源将被耗尽。另一方面，大规模开发利用化石能源造成了日益严峻的环境问题和气候问题。目前，人们主要以直接燃烧的方式利用化石能源，其中的硫、氮等排到大气，形成酸雨等腐蚀性污染物，同时在开发、生产利用过程中排放烟尘的其他污染物，对局部地区水土、地质等造成破坏和污染。化石能源利用过程中大量排碳，则是大气温室效应的主要影响因素。大量的碳本来储存于大地岩层内的化石能源中，在化石能源燃烧过程中以二氧化碳气体的形式排入大气，急速提升大气中二氧化碳的含量，使地球大气温度升高，全球气候变暖。这些问题将给地球生态环境带来严重影响，最终对人类的发展和生存带来挑战。

因此，可持续新能源，如太阳能、地热/海洋热、自然机械能（风能、潮汐及其他自然机械能）等，不得不逐渐取代化石能源，成为支撑社会运转和人们生活的主力，下一场能源革命也将由此展开。

二、能源转型犹有困境

无论是欧盟2010年发布的"能源2020"计划——选择了绿色能源之路，还是日本政府在2015年"国家复兴战略"中明确要重新重视核能；无论是美国政府2014年发布"全方位能源战略"，强调占据未来世界能源技术的制高点，还是印度政府2015年宣布大规模发展绿色能源，能源问题都已经上升为各主要国家的核心战略议题。

人们从来没有像今天这样重视能源，当人们再一次面临着一场能源迭代时，也意味着一个全新的能源时代正在加速到来。能源转型的关键是规模性开发和使用新型能源。新型能源是指风电能、太阳能（包括光伏、光热、热动力利用方式）、生物质能及海洋能。

想要实现能源转型，首先需要确保对于能源开发利用在技术和经济上是可行的。技术上可行，才有能源开发利用的可能；经济上可行，才能够得到可持续的推广应用，且应在计入环境成本等因素的条件下，单位能量的成本在可以承受的水平内。虽然人类已经意识到能源问题带来的挑战，并且在寻求未来能源供应的解决途径，但无论是能源技术还是能源治理，都还没有找到很好的办法。

从能源技术来看，还需要面对多重技术困境：在资源蕴藏总量一定的情况下，要增加新型能源的供应能力，唯一的途径是通过先进技术手段提高能源转换的效率。对于风电能来讲，就是能否改变风电能依靠风轮转换成电能的技术路线，以突破贝茨理论的转换效率限制，同时降低风电能转换设备的制造难度。对于太阳能光伏利用来讲，就是如何不断提高太阳能光伏转换的效率。目前投入商业应用的先进光伏发电的转换效率约 25%，理论上可以提高至 70% 以上。因此，太阳能转换效率仍待提高。

同时，新型能源具有间歇性和不确定性的特点，与连续、可靠、可持续稳定的能源供应要求相矛盾。因此，在发展新型能源的同时，必须发展配套的能源技术，其中最为重要的是大容量的能源储存技术，以及具有与新型能源呈互补特性或逆向调节特性的能源。

从能源治理看，能源问题不是一个国家、一个民族的问题，所有的国家和民族是紧密绑在一起的人类命运共同体。地球上的所有生命的命运取决于人类的选择。问题在于，人类虽然已经认识到这个问题，但是如何摒弃分歧、实现合作以达成全球统一行动仍是一个难题。实现有效的能源治理，还存在严重的问题。

其次，能源在开发、运输和使用过程中不会为环境、大气等带来负面的外部效应，或者说其负面影响在可接受的范围之内，是可以通过技术和管理措施加以修正的。

最后，这种能源可以安全的大规模开发利用，从而具备替代传统能源的能力。而从当前能源技术开采的情况来看，尽管除了海洋能主要还是在实验和小规模建设初步生产之外，水电能、核能、风能和太阳能等的应用都已经比较成熟，近二十年也取得了很大的发展。但这几种能源在能源消费总量中的比重加起来依然不到 16%。并且，还没有一种单一能源在消费中的比重超过 10%。

三、构建能源技术体系

能源技术是一个庞大的体系，需要以可再生能源为主体，终端能源以电能为主，多能多网融合互补。当前，从纵向可以将能源技术分为煤炭、油气、核能、水能、风能、太阳能、生物质能、储能、智能电网与能源网融合九个领域，从横向则可以划分为创新性技术、前瞻性技术及颠覆性技术三个层次。

煤炭领域需专注于煤炭高效燃烧技术，煤电废物控制技术；终端散煤利用技术，二氧化碳捕集、传输和利用技术；磁流体联合循环发电技术。

油气领域需专注于全波地震勘探技术，精确导向智能钻井技术；智能完井采油技术；仿生钻采系统技术。

核能领域需专注于先进深部铀资源开发技术；压水堆优化和规模化推广利用技术；快堆及四代堆开发利用技术；核燃料循环前端和后端技术匹配发展；模块化小堆多功能应用；可控核聚变技术研发。

水能领域需专注于高水头大流量水电技术、水电站筑坝技术；环境友好型水能利用技术；水电站智能设计、智能制造、智能发电和智能流域综合技术。

风能领域需专注于风能资源评估及监测、大功率风电机组整机设计；风机运维与故障诊断；大功率无线输电的高空风力发电技术。

太阳能领域需专注于晶硅电池升级、太阳能光热发电；薄膜电池技术、太阳能制氢技术；可穿戴柔性轻便太阳电池技术。

生物质能领域需专注于城乡废物协同处置与多联产；生物质功能材料制备；能源植物选种育种及种植。

储能领域需专注于高能量比和安全性的锂电池技术、高循环次数的铅碳电池技术、液流型钠硫电池技术、锂硫电池技术、固体氧化物电解池（SOEC）水电解氢储能。

智能电网与能源网融合领域需专注于提升远距离输电能力技术、高比例新能源消纳技术、大电网自动化技术；高效能源转换技术、透明电网/能源网技术；基于功能性材料的智能装备、基于生物结构拓扑的智能装备、泛在网络与虚拟现实（AR）技术。

各能源领域技术深度融合，燃料转化系统可实现煤转气、煤转油/生物质制柴油/生物质制天然气，补充油气资源。煤炭、天然气等构成多源联合制热制冷系统和制氢系统，在风力和光伏充裕时，将电能转化为其他形式的能源。同时，通过煤制氢实现脱碳化和清洁化，将风能、水能、光伏、火力发电及储能结合，实现能源梯次利用。

能源革命的内在逻辑就是人类文明发展的需求驱动——原始社会能源主要满足生存需求；初级工业生产使得封建社会人类对能源的需求量大幅提升；工业革命以来社会文明加快发展，人类对交通、信息和文化娱乐的需求大幅提升；现代工业对能源的需求量达到了前所未有的高度。

随着高碳能源在开发利用过程中产生了废水、废气和废渣所引发的一系列生态环境问题，能源生产和消费的生态需求再次进入新的能源发展历程。无论人类是否愿意，这场正在发生的能源更替是大势所趋，别无选择。

第四节 工业机器人：制造业的今日明珠

机器人，当代工业之魂。

考察过近代工业制造的发展历程，就足以理解机器对加工制造业的意义之重。1784 年，蒸汽机的诞生成为第一次工业革命的里程碑，蒸汽机被可靠地使用，产生了新一代的蒸汽动力引擎，带动了第一次工业革命。结合了加工、技术、贸易的"科技化+工业化"，奠定了工业时代成功的基础。

在今天，科技化与工业化的结合也会促进新时期工业时代的发展。在以信息化、数字化为特征的新兴技术里，工业机器人的力量不可小觑。

一、工业机器人的最大贡献是改善生产力

工业机器人是面向工业的多关节机械手或多自由度的机器装置,能够自动执行工作。作为依赖自身动力和控制能力来实现各种功能的一种机器,它可以受人类指挥,也可以按照预先编排的程序运行,还可以根据人工智能技术制定的原则纲领行动。

事实上,从古至今,人类一直在研究减少工作量的方法,尽量使工作更加方便快捷又不失质量地高效完成。近代以来,伴随着第一次工业革命和第二次工业革命,各种机械装置的发明与应用,工业机器人呼之欲出。20 世纪 50 年代及 60 年代,随着机构理论和伺服理论的发展,机器人进入了应用阶段。1960 年,美国 AMF 公司生产了柱坐标型 Versatran 机器人,可作点位和轨迹控制,成为世界上第一种用于工业生产的机器人。

20 世纪 70 年代,随着计算机技术、现代控制技术、传感技术、人工智能技术的发展,工业机器人得到了迅速发展。这段时期的机器人具有记忆、存储能力,按相应程序重复作业,但对周围环境基本没有感知与反馈控制能力。这种机器人被称作第一代机器人。

进入 20 世纪 80 年代,随着传感技术如视觉传感器、非视觉传感器(力觉、触觉、接近觉等)以及信息处理技术的发展,有感觉的第二代机器人应技术而生。第二代机器人已经能够获得作业环境和作业对象的部分有关信息。它们能进行一定程度的实时处理,引导机器人进行作业。

第三代机器人也就是目前的"智能机器人"。智能机器人不仅具有比第二代机器人更加完善的环境感知能力,还具有逻辑思维、判断和决策能力,可根据作业要求与环境信息自主进行工作。智能机器人是智能

制造的重要组成部分，是实现智能生产和打造智慧工厂的重要利器。

工业机器人是智能制造的关键一环。究其原因，对于工业机器人来说，能够协助解决制造过程中的问题是首要考虑的。或者说，正如过去的任何一次工业革命中机器对生产率的促进，工业机器人最大的贡献在于对制造业生产力的改善而不是机器人自身的获利。

工业机器人的智能部分可以以"代理"的方式来看——任务分配至控制系统的底层进行处理，加上传感器、视觉影像、逻辑控制与通信共同协作而达成底层级（或称为核心层）的精简有效的控制系统。系统里众多的"代理"相互沟通进而产生了群体智能。

群体智能可以应用在各种各样的生产活动中，可以是在不同的单品生产线中，也可以在不同的生产规模中，包括使用在一些柔性生产线上。将工业机器人应用于工业生产线，不仅可以提高生产效率，而且可以改善工作环境。在保证工人的生命安全的同时，减少原材料的损耗，从源头上降低了生产成本。

自德国首先于2011年提出以智能制造为核心的"工业4.0"战略之后，以智能化为标志的第四代工业革命在全球范围内蓬勃展开。其中，工业机器人作为工业化和信息化的完美结合，以其天然的数字化特性，打通了从单个生产设备到整个生产网络的连接，进而支撑起第四次工业革命丰富多彩的应用场景。

如果说，过去二十年的互联网发展连接了我们每一个人，那么未来二十年的工业互联网发展将连接每一台工业机器人，从而带来生产效率乃至生产方式的全面革新。

二、让制造走向"智造"

工业机器人可以按照不同的方式进行分类。

按机械结构分类，工业机器人可分为串联机器人和并联机器人。串联机器人一个轴的运动会改变另一个轴的坐标原点，如六关节机器人。串联机器人发展得较为成熟，具有结构简单、成本低、控制简单、运动空间大等优点，目前已成功应用于很多领域，如各种机床、装配车间等。

并联机器人可以定义为动平台和定平台，通过至少两个独立的运动链相连接，具有两个或两个以上自由度，且以并联方式驱动的一种闭环机构，一般以 3 轴最为常见。并联机器人的特点为无累积误差、精度较高，驱动装置可置于定平台上或接近定平台的位置，这样的运动部分重量轻、速度高、动态响应好。

并联机器人在生产线上一般用于对轻小物件的分拣、搬运、装箱、贴标、检测等工作，广泛应用于食品、制药、电子、日化等行业。并联机器人问世之初的应用对象主要是大型乳企及生产液体袋装药和药片的药企，大多负载都在 3 千克以下。后续的增长主要在乳制品行业之外的食品行业，如糖果、巧克力、月饼等生产企业，以及医药、3C 电子、印刷等轻工行业。

按操作机坐标形式分类，工业机器人可分为圆柱坐标机器人、球坐标机器人、多关节机器人、平面关节机器人等。其中，多关节机器人也称关节机械手臂，是当今工业领域中最常见的工业机器人的形态之一，适用于诸多工业领域的机械自动化作业。根据轴数的不同也分为多种，目前应用较多的是四轴和六轴机器人。其中，六轴机器人拥有六个可以自由旋转的关节，提供的自由度可以使其在三维空间中自由活动，可以模拟所有人手能实现的动作，通用性极高，应用也最为广泛，但同时控制难度也最高，价格最为昂贵。搭配不同的末端执行器，多关节机器人可以实现不同的功能，较高的自由度使得多关节机器人可以灵活作业，适用于搬运、装配、焊接、打磨抛光、喷涂、点胶等几乎所有的制造工艺。

按程序输入方式分类，工业机器人可分为编程输入机器人和示教输入机器人等。编程输入机器人是将计算机上已编好的作业程序文件，通过 RS232 串口或以太网等通信方式传送到机器人控制柜。这种可随其工作环境变化的需要而再编程的工业机器人，在小批量、多品种、具有均衡高效率的柔性制造过程中发挥着良好的功用，是柔性制造系统（FMS）中的一个重要组成部分。

示教输入程序的工业机器人的示教方法分为两种：一种是由操作者通过手动控制器（示教操纵盒）将指令信号传给驱动系统，使执行机构按要求的动作顺序和运动轨迹操演一遍；另一种是由操作者直接领动执行机构，按要求的动作顺序和运动轨迹操演一遍。在示教的同时，工作程序的信息即自动存入程序存储器中，在机器人自动工作时，控制系统从程序存储器中检出相应信息，再将指令信号传给驱动机构，使执行机构再现示教的各种动作。

如图 3-1 所示为工业机器人的分类。

当然，只有机器人本体是不能完成任何工作的，还需要通过系统集成之后才能为终端客户所用。因此，在注塑、冲压、打磨、喷涂、装配、焊接、精雕、压铸、组装、上下料等制造领域，分别采用不同的系统集成解决方案，并形成了焊接机器人、上下料机器人、喷涂机器人、装配机器人等适用于不同应用领域的工业机器人。

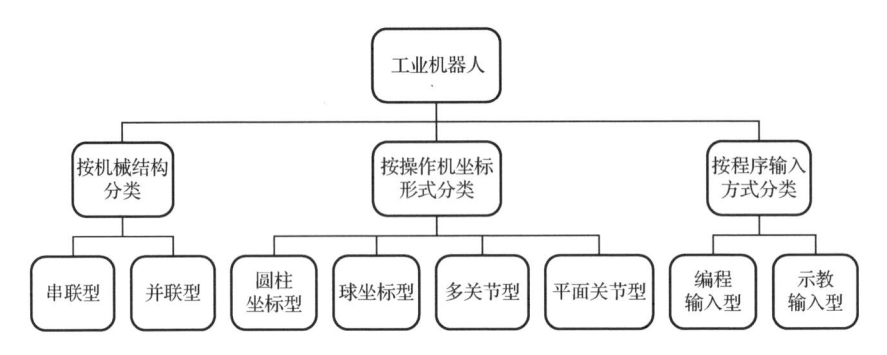

```
                         工业机器人
           ┌────────────────┼────────────────┐
      按机械结构        按操作机坐标         按程序输入
        分类            形式分类            方式分类
      ┌───┴───┐    ┌────┬───┴──┬────┐      ┌───┴───┐
    串联型  并联型 圆柱  球坐标型 多关节型 平面关节型  编程   示教
                  坐标型                           输入型  输入型
```

图 3-1　工业机器人的分类

来源：博立斯工业机器人，东莞证券研究所

焊接机器人是在工业机器人的末轴法兰装接焊钳或焊（割）枪的，使之能进行焊接、切割或热喷涂。这种机器人具有诸多优点，包括稳定和提高焊接质量，能将焊接质量以数值的形式反映出来；改善工人劳动强度；可在有害环境下工作；降低了对工人操作技术的要求。上下料机器人能满足快速/大批量加工节拍、节省人力成本、提高生产效率等要求，因此成为越来越多工厂的理想选择。

上下料机器人具有高效率和高稳定性，结构简单更易于维护，可以满足不同种类产品的生产。对用户来说，其可以很快进行产品结构的调整和扩大产能，并且可以大大降低产业工人的劳动强度。

喷涂机器人又叫喷漆机器人，是可进行自动喷漆或喷涂其他涂料的工业机器人，一般采用液压驱动，具有动作速度快、防爆性能好等特点，可通过手把手或点位示数来实现示教。喷漆机器人广泛用于汽车、仪表、电器、搪瓷等工艺生产部门。

装配机器人是柔性自动化装配系统的核心设备，由机器人操作机、控制器、末端执行器和传感系统组成。主要用于各种电器制造、小型电机、汽车及其部件、计算机、玩具、机电产品及其组件的装配等方面。

工业机器人广泛应用于电子电气、汽车、橡胶及塑料工业、食品饮料、化工、铸造、冶金等行业。系统集成市场空间巨大，目前全国有上千家相关企业，竞争日益激烈。

1. 电子电气行业

在手机生产领域，分拣装箱、撕膜系统、激光塑料焊接、高速四轴码垛机器人等适用于触摸屏检测、擦洗、贴膜等一系列流程的自动化系统的应用。这类机器人根据电子生产行业需求进行特制，小型化、简单化的特性实现了电子组装高精度、高效的生产，满足了电子组装加工设备日益精细化的需求，而自动化加工更是大大提升了生产效益。

2. 汽车行业

在汽车车身生产中，有大量的压铸、焊接、检测、冲压、喷涂等应用，需要由工业机器人参与完成。特别是工业机器人在汽车焊接过程中的应用更加普及，极大提高了车间的自动化水平。在汽车锻造车间、冲压车间、发动机车间、涂装车间等也会用到更多的工业机器人。

3. 橡胶及塑料工业

塑料原材料通过注塑机和工具被加工成精细耐用的成品或半成品，这个过程经常需要工业机器人的参与。工业机器人不仅适合在净室环境标准下作业，也可在注塑机旁完成高强度作业，因此可以有效提高各种工艺的经济效益。工业机器人的快速、高效、灵活、结实耐用及承重力强等优势，确保了塑料企业在市场中的竞争优势。

4．铸造行业

铸造作业过程中环境较差，由工业机器人替代人工有较大的意义。机器人以其模块化的结构设计、灵活的控制系统、专用的应用软件，能够满足铸造行业自动化应用的最高要求，不仅防水，而且耐脏、抗热。这种机器人可以直接设置在注塑机旁、内部和上方用于取出工件，还可以可靠地将工艺单元和生产单元连接起来。

三、工业机器人国际之局

中国合肥工业大学机械工程学院院长訾斌在"2021 中国人工智能与机器人开发者大会"上表示："制造业是一个国家工业发展的基石，而机器人被誉为'制造业皇冠顶端的明珠'，其研发、制造、应用是衡量一个国家创新能力与高端制造业水平的重要标志。"

自 20 世纪 50 年代末世界上第一台机器人诞生以来，工业发达国家已经建立起完善的工业机器人产业体系，掌握了核心技术与产品应用，形成了工业机器人"四大家族"（瑞士 ABB、德国库卡、日本发那科、日本安川）。

1．美国：工业机器人起源之地

美国是工业机器人的诞生地，采用集成应用的发展模式，在全球范围采购工业机器人主机及成套设计的配套设备，由工程公司进口，进行集成生产线的设计、外围设备的研发与集成调试应用。

1954 年，美国人乔治·德沃尔首次申请了工业机器人专利。1956 年，乔治·德沃尔和约瑟夫·英格伯格成立了世界上第一家机器人公司 Unimation，并于 1959 年开发出了世界第一台工业机器人，命名为 Unimate。

1960 年，哈里·约翰逊和维尔伊科·米伦科维奇创建了美国机械与铸造公司（AMF），制造出了世界上第一台圆柱坐标型工业机器人 Verstran。1961 年，Unimate 1900 系列成为第一批量产的工业机器人，并由通用汽车（GM）位于新泽西州的工厂完成了安装，主要应用于门窗把手、照明设备、变速杆把手等车载硬件的制造。1962 年，AMF 将 6 台 Verstran 机器人安装于美国坎顿的福特汽车工厂。

Unimate 与 Verstran 被认为是世界上最早的工业机器人，其出现意味着机器人的正式诞生，此后的机器人生产研究也多以这两种产品为基础。

在工业机器人诞生后的近 20 年中，虽然技术的革新与发展非常迅速，但其在市场上的出现率依旧较低。20 世纪 60 年代，工业机器人的制造商与下游客户都还停留在屈指可数的地步，一直到 1969 年，工业机器人的全球年度销售额仅 1.5 亿美元。由于公司战略的问题，Unimation 当时虽然控制着近 80% 的美国工业机器人市场，但一直到 1975 年才开始实现盈利。

20 世纪 70 年代后期，美国政治界和工业界才开始逐渐关注机器人的应用，但在技术路线上更侧重于军事、宇宙、海洋、核工程等特殊领域。这导致了更注重机器人应用的日本后来居上，在工业机器人生产及应用方面快速赶超美国，并形成了完整的产业链。

进入 20 世纪 80 年代，美国政府开始通过政策来刺激工业机器人行业的发展及应用，一方面鼓励了工业界对机器人的研究与应用，另一方面提高了机器人的研究经费。美国的机器人产业因此迎来第二个发展高潮，机器人拥有量从 1980 年的约 3500 台快速提升至 1985 年的 20000

台（其间复合年均增长率为 41%）。20 世纪 80 年代中后期，随着美国本地厂家的机器人应用技术的成熟，美国机器人厂家开始研究、生产带有视觉、力觉等感知系统的第二代机器人，并很快占据美国工业机器人市场 60% 的份额，重新回到了行业的前列。

目前，美国工业机器人仍在稳步发展。随着机器人创新研究、人机协作发展等技术的逐渐应用，2018 年美国国内工业机器人销量达 4.03 万台，同比增长 21.6%；2019 年美国国内工业机器人销量达 3.33 万台，同比下降 17.5%，十年间的复合年均增长率为 17.16%。

2. 日本：工业机器人王国

日本的工业机器人技术源于美国，而现在已有"工业机器人王国"之称。日本的工业机器人产业链最齐全，产业规模与实力位居全球之首，有发那科、安川电机、川崎重工等具有国际影响力的工业机器人供应商，核心零部件供应商如纳博特斯克更是在全球处于垄断地位。

日本采用基于完善的工业机器人产业链分工作为发展模式，不断开发新型工业机器人和批量化生产工业机器人产品；针对不同行业的具体工艺与需求，由应用工程集成公司开展工业机器人生产线成套系统的集成应用。日本工业机器人行业地位长期稳固，全球市占率维持在 60% 左右的水平，曾一度超过 90%。

究其原因，日本文化、汽车工业需求、劳动力不足、积极的产业政策等多重因素成就了日本工业机器人行业的发展。

长期以来，日本面临劳动力缺乏的问题，对高产能、自动化的工业机器人需求较高，因而更关注工业机器人的实际应用技术。1967 年，日本川崎重工业公司率先从美国引进工业机器人技术，政府与企业就将开发机器人视作第一要务，自 20 世纪 70 年代起大力推动相关技术与应用的研发与推广。随后，日本快速超越美国，在工业机器人方面长期位居世界第一。

从政策层面看，日本政府长期致力于促进机器人产业的发展，自 20 世纪 70 年代起就制定了一系列政策扶持行业的进步。日本政府于 1971 年颁布了《机电法》《机械工业促进法》等，并将原工业机器人协会重组为日本工业机器人协会（JIRA），推动机器人制造业的发展；于 1978 年颁布《机情法》；于 1980 年颁布《财政投融资租赁制度》及《中小企业设备现代化贷款制度和设备借贷制度》，以租赁方式向中小企业普及机器人；于 1984 年颁布《FMS 机器租赁制度》等政策并制定了《机电一体化税制》；于 1985 年制定了《高技术税制》《促进基础设施开发税制》《关于加强中小企业技术基础税制》等，推行倾斜减税、鼓励领先技术的发展，并设立了国际机器人 FA 技术中心；于 1991 年通产省工业技术院启动大型研发项目微机器技术研究开发项目等。

近年来，日本的机器人产业持续发展，政府对这方面的支持力度一如往昔，甚至还有进一步加大的趋势。受全球经济下行导致国际市场需求有所下滑的影响，2019 年日本机器人产量同比下降 19.5%至 173477 台，销量同比下降 18.35%至 175702 台。但随着市场回暖，2020 年上半年产量同比上升 6%至 88856 台，销量也同比上升 6.62%至 91298 台。

3. 欧洲：以德国为主角

欧洲是全球工业机器人的主角之一，已实现传感器、控制器、精密减速机等核心零部件完全自主化。德国库卡、瑞士 ABB、意大利 COMAU、英国 AutoTech Robotics 都是世界顶级的工业机器人制造公司。欧洲采用为用户提供一揽子系统集成解决方案的模式，工业机器人制造商承担和完成工业机器人的生产、应用工艺的系统设计与集成调试。

其中，德国拥有欧洲最大的机器人市场。并且，德国机器人在人机交互、机器视觉、机器互联等领域处于全球领先水平。

从德国机器人的发展来看，德国引进机器人的时间比英国和瑞典晚了五六年，1971 年仅有不到 50 台机器人，至 1972 年都没有建立制造机器人的工厂。为促进机器人的研制与应用，德国政府在 20 世纪 70 年代出台了《改善劳动条件计划》，规定危险、有毒、有害的岗位必须以机器人来替代人力。机器人不仅可以大幅降低生产成本，还可以提高产品制造的精度和品质，从而促进形成强大的德国制造品牌。

德国的第一条机器人自动焊接生产线于 1971 年诞生，用于戴姆勒-奔驰汽车侧板加工，使用的是美国 Unimation 公司的五轴机器人。鉴于汽车工业对高可靠性能机器人的需求，德国库卡在 1973 年研制开发了第一台库卡工业机器人。从 20 世纪 80 年代开始，德国的汽车、电子等行业大量使用工业机器人。

2004 年，德国政府与国内各州订立《研究与创新协议》，要求四大研究协会（马普学会、亥姆霍兹联合会、弗劳恩霍夫协会、莱布尼兹科学联合会）的研发开支必须维持每年至少 3%的增长速度。这就为机器人行业培养了大量人才，也促进了机器人技术的持续发展。

2010 年，德国政府出台了《德国 2020 高技术战略》，对机器人产业进行战略规划，并随后于 2013 年推行工业 4.0 战略，率先将工业划分为四个阶段，指明智能化趋势。智能化趋势的物理实体就是机器人，通过机器人、机器设备、人机协作等方式提高生产过程的智能性。

经历多年发展，德国赛威（SEW）、弗兰德（FLENDER）等企业已成为世界知名的减速器品牌。其中，德国库卡在汽车领域的工业机器人应用长期在全球市场中排名前列，其他知名的德国机器人集成企业有徕斯（REIS）、杜尔（DURR）等。2019年，德国工业机器人销量为2.05万台，全球占比为4.85%，是全球第五大市场。

4. 韩国：走向 21 世纪发展

韩国工业机器人的起步略晚于美国、日本和德国，其主要通过引进日本发那科技术开始研发工业机器人，出现了现代重工与三星双雄。

2010年，韩国工业机器人销量一度超越日本成为世界第一，并一直保持工业机器人使用密度世界第一的水平。韩国计划在 2019 年至 2023 年的 5 年时间内总计供应不少于 70 万台机器人。

自现代重工从日本发那科引进技术后，韩国开始研发工业机器人。韩国最早于 1978 年引入焊接机器人，主要用于汽车制造业，此后行业学术界就在没有政府支持的情况下开始了自发的技术研究。直至 20 世纪 80 年代末，韩国政府才开始推出积极的研发政策来扶持机器人行业的发展。但受到 1997 年亚洲金融危机的冲击，政府资助及研发在接下来数年内几乎完全停滞。

2002 年，伴随着智能机器人的出现，韩国产业通商资源部（MOTIE）、科学技术通信部（MSIT）等部门才重新启动了对机器人产业的扶持，增加相关的资助并做出规划。

2003 年 8 月，韩国产业通商资源部将智能服务机器人产业纳入重点发展的十大产业之一，并加大力度培养机器人产业相关人才。此时，韩国的主要着眼点依旧是家庭机器人与个人机器人。在 2002 年至 2007 年这 6 年间，韩国政府在技术发展及市场开拓方面投入巨大，总计投入约 4865 亿韩元，其中约 4202 亿韩元用于研发、95 亿韩元用于提振市场需求，资助的项目共计 1259 项。

2008 年，韩国政府颁布《智能机器人开发和普及促进法》，从法律层面将机器人产业列入国家战略，并制定了机器人产业发展的基本计划。

2012 年，韩国知识经济部发布《机器人未来战略 2022》，计划为发展机器人产业进行 3500 亿韩元的投资，其目标为将韩国机器人产业发展至世界前三。其中，工业机器人为主要发展方向——该政策聚焦于将工业机器人进行智能化升级，成为支柱型产业，并与其他产业有机融合。

为推动《机器人未来战略 2022》落实，2013 年，韩国知识经济部启动《第二次智能机器人行动计划（2014—2018 年）》，制定了 5 年的机器人产值、出口额、全球市场份额的发展目标。2016 年，韩国工业机器人生产已占全球总额的 5%。

在政策支持下，韩国工业机器人产业在 2000 年后进入高速增长期。2001—2011 年，韩国机器人装机总量年均增速高达 11.7%，其工业机器人的使用密度不断增大、自给率不断提高。2019 年，韩国国内的机器人销量为 2.79 万台，十年间的复合年均增长率达到 13.53%。

5. 中国：景气上行，机遇大于挑战

对于中国来说，工业机器人发展风头正劲。中国的工业机器人产业在 2010 年以后进入高速增长期，表现出增速下台阶而销量上台阶，以及 3~4 年维度的周期性特征，与日本机械订单数据的规律相似。目前，

中国工业机器人产业触底反弹趋势明显,进入新一轮景气复苏的上升通道,有望延续至 2022 年或 2023 年。

工业和信息化部发布的《2020 年 1—12 月机器人行业运行情况》显示,2020 年累计生产工业机器人 23.7 万套,同比增长 19.1%,创下中国工业机器人单年产量最高纪录。根据国家统计局发布的消息,2021 年 1—2 月份,全国规模以上工业企业的工业机器人产量为 4.54 万套,同比增长 117.6%,创下历年同期新高。中国制造向"中国智造"升级的过程中,机器人扮演着越来越重要的角色。

工业机器人得以发展,根本上是由于技术进步的规模效应带动工业机器人价格下降。在工业机器人发展的初期,高昂的价格是阻碍众多中小企业购置设备、建设智能生产线的主要因素。而随着国产工业机器人带来的市场冲击、制造技术的进步和制造成本的快速下降,工业机器人近几年的价格呈现明显的下降趋势。

以中国进出口价格和全球价格为例,中国进口机器人均价从 2009 年的 3.00 万美元/台下降到 2016 年的 1.68 万美元/台,复合年均增长率为-7.9%;出口均价从 2011 年的 2.93 万美元/台下降到 2016 年的 0.52 万美元/台,复合年均增长率为-29.3%;全球工业机器人均价从 2009 年的 6.33 万美元/台下降到 2016 年的 4.45 万美元/台,复合年均增长率为-4.9%。

此外,制造业的人力成本不断提高,对劳动密集型产业造成明显冲击,企业为压缩成本转向更经济的生产模式,机器换人成为大势所趋。随着中国经济的高速发展,制造业从业人员年均工资从 2009 年的 2.68 万元增至 2017 年的 6.45 万元。

同时，适龄劳动人口下降，人口红利消失倒逼产业发展。从人口结构上看，中国15~64岁人口占比从2010年74.50%的高点开始下降，到2017年为71.82%。从人口自然增长率看，近15年低位稳定于5%左右，这意味着，未来中国适龄劳动人口占比仍将处于较低水平，对产业自动化发展产生迫切需求。

当然，工业机器人的高速发展离不开政策的驱动。工业机器人在国内的发展最早可追溯到科技部的863计划，对机器人相关技术的研发给予扶持。2006年2月，国务院印发了《国家中长期科学和技术发展规划纲要（2006—2020年）》，智能机器人首次被纳入前沿技术中的先进制造技术。随着2015年我国的制造强国战略出台并实施，各级地方政府积极推进地区规划政策落实，中国的工业机器人产业也迎来了迅速发展。

机器人替代人工生产是制造业重要的发展趋势，是实现智能制造的基础，也是未来实现工业自动化、数字化、智能化的保障。尽管当前中国工业机器人在制造和工业设施领域的应用变革势头迅猛，但无论是从制造业方面还是应用方面来看，中国的工业机器人产业与发达国家相比依然存在较大差距。

从制造方面来看，工业机器人是沿着把自动化作为底层技术，再走向数字化、网络化、智能化发展的脉络，越往上走，越需要芯片、软件和算法的助力。而即便自2010年起中国的制造业产值就已超过美国，规模发展水平较高，但质量效益并不高，仍然有很大的提升空间。

发达国家的工业机器人制造已经进入了智能阶段，而中国还处于入门阶段。据《第一财经》报道，国产工业机器人凭借性价比、渠道等优势,已经占据了国内很多细分领域的大部分市场,但在关键技术、材料、零部件等方面还是与国际的先进水平有一定差距。

新安装的机器人中,有71%的零部件皆来源于国外,国产化率不足30%。其中,在上游最重要的三大零部件——减速器、伺服电机和控制器中,国产化率分别约30%、22%和35%,相对较低,在产品精度、稳定性等方面依旧存在很大的成长空间。

同时,中国工业机器人同质化现象十分严重。现阶段,很多工业机器人品牌的产品在性能、外观、技术甚至营销手段上都呈现模仿的现象,就连各个厂商研发产品的核心技术和生产目的都是一样的。因此,纵观目前的工业机器人市场,几乎没有什么表现突出、具有一定竞争力的机器人产品。

从应用方面来看,发达国家的工业机器人产业已经有一套完整的设备应用在工业生产线上,并且在应用工业机器人方面已经十分熟练,甚至不需要配备专门的工业机器人操作人员,就可以使工业机器人完成其运行,而中国的工业机器人应用还需要配备专门的操作人员,来辅助完成操作。

日本的工业机器人已经普及,而中国的工业机器人发展仍处于初级阶段,正面临着向高端转变、承接国际先进制造及国际分工等重大挑战。

工业机器人的不断发展创新对从业人员提出了更高的要求,而该领域的人才供需失衡的矛盾日益凸显。在制造方面,伺服电机、控制器、减速器成为制约中国工业机器人产业发展的主要瓶颈,相关技术人才极为匮乏。在应用方面,操作维护、系统安装调试、系统集成等工业机器人应用人才缺口很大。

工业机器人最大的贡献在于对制造业生产力的改善。随着控制、驱动和传感技术的进步，工业机器人可以处理的工作范围还在不断扩大，其带来的改变将是长远而超越想象的。

第五节 信息技术：搅动传统制造

信息产业是国民经济的基础性、先导性和战略性产业，信息技术重塑了世界，成为经济增长的倍增器和产业升级的助推器，在信息化与工业化的两化融合中占据重要的战略地位。无论是以协同制造、3D打印为代表的智能工业，还是以智能设计、智能制造、智能运营、智能管理、智能产品为特征的先进制造，都离不开信息产业所发挥的战略支撑作用。

两化融合带来"1+1≥2"的经济效应，信息技术给制造业带来了先进技术、理念和管理模式。信息技术与制造业生产中所涉及的各环节相融合，有助于从产品设计、装备、管理、营销等方面改造并提升制造业，有助于合理利用劳动力、技术和资源，减少对资源和环境的浪费，改变原有的消费需求和产品结构。通过信息化对各环节的影响实现制造业总体上的技术效率改进，将实际产出向生产可能性曲线靠拢，从而推动制造业过程信息化。

一、集群信息技术

信息技术（Information Technology，IT）是主要用于管理和处理信息所采用的各种技术的集合。信息技术主要通过应用计算机科学和通信技术来设计、开发、安装和实施信息系统及应用软件，包括工业软件、云计算、物联网和移动互联网等。

1. 工业软件

工业软件专用于或主要用于工业制造，为企业产品研发、生产经营管理、供应链协同以及装备和产品智能化提供技术和知识支撑。工业软件存在于工业领域的各个要素和环节之中，与业务流程、工业产品、工业装备密切结合，全面支撑研发设计、生产制造、经营管理等各项工业活动，是信息化与工业化的融合剂。工业软件作为两化融合的切入点、突破口和重要抓手，对于推进我国工业转型升级、保持经济平稳较快发展具有重大的意义。

工业软件的作用主要体现在产品设计和研发的数字化支撑、企业经营的精细化管理和决策支持、制造过程的自动化控制和数字化制造、装置级的嵌入式芯片及软件的智能化价值提升，以及企业内外部及产业上下游的集成和协同。工业软件可以提高产品价值、提高劳动生产率、提供精细化管理、降低生产成本、提高企业的核心竞争力，并成为现代工业装备和产品的核心。

工业软件在两化融合中扮演着极为重要的角色。工业软件是工业软优势的体现，通过使传统工业化意义上的机械化、电气化、自动化的生产装备具备数字化、智能化、网络化特征的核心技术，帮助企业构建面向产品全生命周期的网络化、协同化、开放式的产品设计和制造平台，可以在工业化的硬优势基础上形成信息化的软优势。

2. 云计算

云的概念运用于互联网，来描述未来互联网的形态和实质，指的是全球的计算机硬件和软件，包括服务器、终端设备和入网数据线，根据用户的需求迅速有机地整合连接，使用户"要风得风、要雨得雨"，而且是超低价甚至免费的。

最早提出云计算概念的，有据可查的是美国太阳微系统（Sun）公司首席执行官司考特·麦克尼利。他在20世纪90年代提出了"网络计算机"的概念及"网络无处不在"的理念。在之后的20多年里，Sun公司的技术团队，以及IT和互联网业界都在探索和践行为用户提供成本更低、操作更简便、数据更安全的开放性的基础架构服务平台。

2010年5月21日，在第二届中国云计算大会上，鸿蒙集团董事长郑世宝先生发表了《从生命看云计算，整体论对还原论》的演讲，将云计算融入东方科学和哲学思想的范畴。他以整体论和系统论的观点，用中国人的慧性思维定义了云计算：云计算以应用为目的，通过互联网将必要的大量硬件和软件按照一定的结构体系连接起来，并随应用需求的变化而不断调整结构体系，建立起一个内耗最小、功效最大的虚拟资源服务中心。

简言之，云计算就是把与互联网关联的有形的和无形的资源串联起来形成一个平台，用户们按照规则在上面做自己想做的事情。这也意味着，计算将越来越趋为一种服务。通过互联网，来自远方大量的计算能力将为本地所使用。文档、电邮和其他的数据将会被在线储存，或者更精确地说，是将它们"储存在云上"。

对于企业来说，通过转变成使用以云计算为基础的电邮、会计及客户追踪体系，能够降低复杂性和减少养护的费用，因为所有的一切都运行在一个网页浏览器之内。企业不再在"孤岛"中生存，在云计算网络平台，通过搜索引擎目标核心优化技术放大对经营者有价值的信息，信息体在开放的云平台上自由平等展示，让客户能通过互联网快速找到企业。与此同时，云计算服务的提供商们也能够通过规模效应获得利润。

此外，通过云计算网络平台能够采用技术手段对社会公共信息资源进行社区化管理划分，打破了少数利益集团独享公共信息资源的局面。庞大的社区网站运营商拥有该社区的公共信息资源，可以通过信息资源的转换获得经济利益。

3. 物联网

从 PC 互联网、移动互联网到物联网，历次信息革命浪潮都指向同一个关键词——"连接"。如果说互联网带来的是"人与人""人与信息"的连接，那么物联网则更进一步，实现了"人与物""物与物"的全面连接。当然，物联网的发展也经历了漫长的导入、沉淀和验证期。

2008 年，第一届国际物联网大会举行，物联网设备数量首次超过人口数量。在物联网导入阶段，其特点主要表现为物联网相关概念的导入和早期物联网设备的连接。2013 年，谷歌眼镜的发布表明物联网和可穿戴技术发生了革命性的进步。2016 年，物联网产业生态的各种要素已具备。在物联网沉淀时期主要表现为一些传感、通信等技术试错和沉淀。

在物联网产业链上的各种要素已基本完善后，很快，物联网对于国民经济产业变革的规模效应初步展现。2018—2019 年是市场对物联网技术方案落地验证的开启时期。在物联网验证期，技术、政策和产业巨头的推动对于物联网产业的发展依然重要。但是不可忽视的是，市场需求因素的影响正在增强。

从凯文·阿什顿在 1999 年提出"物联网"一词至今，物联网已从雏形初现逐步发展为拉动全球经济增长的新引擎。新的技术浪潮开启了通往新时代的大门，也为时代奠定了特有的基调。

虽然从连接的对象来看，物联网只是加入了各种"物"，但它对连接内涵的拓展和升华带来了极其深远的影响。物联网不再以"人"为单一的连接中心，物与物无须人的操控即可实现自主连接，这在一定程度上确保了连接所传递内容的客观性、实时性和全面性。此外，物联网将实体世界的每一缕脉动都连接到网络上，打造了一个虚拟（信息、数据、流程）和实体（人、机器、商品）之间相互映射、紧密耦合的系统。物理实体在虚拟世界建立了自身的数字孪生体，使其状态变得可追溯、可分析和可预测。

在物联网环境下，一方面，万物皆为入口，除了用户主动交互产生的数据外，许多被动数据被实时、无感地记录了下来。企业因此可以全面、立体、动态地了解用户需求。另一方面，物联网时代的智能工厂可以通过柔性生产线、透明供应链等模式，快速满足用户不断迭代的定制化需求。

与移动互联网大约 50 亿个设备的接入量相比，物联网的连接规模将扩大至少一个数量级，所涉及的领域涵盖可穿戴设备、智能家居、自动驾驶汽车、互联工厂和智慧城市的一切。未来的物联网时代，入网的设备将更加智能、数据应用将更加丰富，而不仅仅限于当前简单的物品状态和位置信息。物联网引领的这波新浪潮将从根本上改变我们习以为常的生活方式，也将重构全球产业经济的格局。

4．移动互联网

移动互联网依托电子信息技术的发展，将网络技术与移动通信技术结合在一起，而无线通信技术又能够借助客户端的智能化实现各项网络信息的获取。因此，移动互联网也作为一种新型业务模式所存在，涉及应用、软件及终端的各项内容。

移动互联网为信息技术及其产业发展"开疆扩土"，不断孕育颠覆传统的新业态、新市场、新规则和新观念，同时悄然改变着信息技术体系中核心要素间的配置关系，培育了如云计算、大数据、物联网等新一代信息技术和相关产业，是信息技术中正在发生、仍将产生颠覆性创新的重要领域。

移动互联网技术先后经历了以 2G 和 WAP 应用为主的萌芽期、以 3D 网络和智能手机为主的培育期和高速成长期，目前已进入以 4G 网络建设为主、5G 网络牵引的全面发展期。移动购物、移动游戏、移动广告、移动支付、移动搜索、移动医疗、产业互联网等移动互联网平台服务、信息服务等领域不断涌现的业态创新将推动移动互联网产业走向应用和服务深化发展阶段。

第五代移动通信（5G）已成为当前和未来全球业界的焦点，将引领移动互联网进入新时代。5G 是一个崭新的、颠覆性的起点，将满足全球对整个产业升级的期待。5G 不仅仅是通信行业向前迈出的革命性的一步，也将为各行各业创造前所未有的商机。

5G 构建起万物互联的核心基础能力，不仅带来了更快更好的网络通信，更肩负了赋能各行各业的历史使命。5G 超高速率和几何式增长的连接密度是万物互联的基础保障，使工业互联网的应用覆盖全产业链、生产全过程成为可能。在化工、机械、电力等行业，许多企业已经依靠5G技术实现了工业互联网对供应链管理、生产过程实时远程控制、设备协作、柔性制造、库存管理、交付管理等生产全过程的贯穿，使资源配置效率、生产效率和产品质量显著提升，同时有效降低了企业的运营管理成本。

5G 开启了互联网发展的新篇章，创新了互联网的未来。此外，5G 作为"新基建"的领头羊，是人工智能、大数据中心等其他"新基建"领域的基础设施。事实上，当前数字经济发展已经进入跨界融合阶段，5G 发展也不断提速，新产业、新业态、新模式不断催生。

随着云计算、物联网和移动互联网的发展，以及三网融合的深入，数据业务成为宽带的主流。计算资源远程化打破了原有的封闭通信产业，在技术和市场的双重驱动下，信息产业和通信产业日趋融合，为新一轮的技术革命浪潮提供基础。

在智能化网络时代，信息技术越来越多地被赋予信息化和智能化的含义，互联网新业务、云计算和各类商业应用成为信息的主要内容；传感网、智能终端、全 IP 网络带来新的通信模式。这些未来产业成为战略性新兴产业并作为未来中国经济成长的领头兵，为其他新兴工业化产业提供了信息化的手段。云计算、物联网、行业信息化、智能融合终端、移动互联网将成为推动我国两化深度融合的重要引擎。

信息产业通过与新一代信息技术的融合，实现数字化、信息化、智能化，加速其他战略性新兴产业成长进程。物联网与云计算、大数据、移动互联网、下一代网络等技术和产业的融合发展应用，构建了智慧城市建设。物联网与各技术和产业相互融合程度越高、融合范围越广，物联网智能化程度就越高，城市智慧化程度也就越高。随着各种网络的不断发展和人类随时随地对信息处理的需求，将由三网融合演变为 N 网融合，经过长时间发展演进成统一的智能物联网。

二、推动制造业纵深发展

信息技术对人类社会的发展进程产生了深远的影响，更是搅动了传统制造，在工业制造上掀起一场全新的智能化科技革命。

首先，信息技术可以提高产品的技术水平和附加值，促进产品升级和更新。一是信息技术融入制造产品研发和设计的每一个环节，在设计的过程中实行信息技术设计，可以帮助从设计过程到设计数据等方面进行全面管理，从而提高制造产品的创新能力，节约其成本，加快制造产品的更新周期。

二是利用信息技术和工具能够提升制造业企业的设计能力。当前，产品研发和设计日渐复杂，对于企业设计能力提出了越来越高的要求，只有建立在信息技术基础上的研发和设计才能应对激烈的市场竞争。

三是利用信息技术软件可以提高研发和设计的效率。通过计算机辅助设计、计算机辅助制造业等数字化工具，提升设计单元的效率，应用产品数据管理提高设计组织的效率。

其次，对于利用信息技术进行设备改造来说，将信息技术融入制造业的生产过程中，使信息技术与机床结合起来，将实现高度的自动化和智能化，建立信息技术的车间生产线，提高生产装备的智能化水平。信息技术在制造业中的最早应用即在制造业的设备基础领域，将制造业的设备与信息技术有机地结合在一起，将有助于提高制造业的生产效率，将传统制造业改造成智能、柔性和精密的新型制造业。

在这个过程中，物联网、云技术、三网融合等领域同传统的企业信息化领域相结合，将共同推动新型工业化的建立，实现工业体系的重大转变。比如，信息技术将推动工业由主要依靠资源和投资拉动向依靠技术进步转变，尤其是信息技术的融合应用；由传统粗放的量的扩张向技术能力提升转变，体现为先进制造和智能装备，促进制造价值链在核心环节取得突破、向高端转移。在这些转变中，软件与信息服务业、新一代信息技术、芯片设计和嵌入式系统都起着举足轻重的作用。

再次，信息技术可以提高制造业企业的管理水平。在利用信息技术改进制造业企业的管理水平方面，不仅可以通过信息技术实现企业管理模式的创新，如客户关系管理（CRM）的创新、现代企业管理结构和治理模式的创新等，还可以提高企业的信息分析能力和决策能力。

目前，一些制造业企业已经采用了企业资源计划（ERP）辅助管理者更准确地了解企业的经营情况，对市场需求进行快速响应，向决策者及时提供数据，从而有利于制造业企业面对激烈的市场竞争，实现信息技术升级。

最后，信息技术还将促进营销体系的创新。例如，利用电子商务等信息手段提高企业营销的效率，促进制造业企业的营销模式创新，节约交易费用，减少中间的复杂环节，为客户提供更方便快捷的服务。因此，制造业企业能提高对市场的响应速度和对客户服务的快速响应，实现营销体系的创新。

信息化融合发展势在必行，融合是世界经济发展的趋势。在经济全球化和经济社会信息化发展的环境下，只有利用现代信息技术和以信息技术为手段的融合业务推进传统产业改造升级，使之与新兴产业相融合，才能促进全社会经济的整体发展与升级。

第四章

制造模式群

第一节　精益生产：少而精，多效益

20世纪80年代，精益生产（Lean Production，LP）是美国麻省理工学院国际汽车计划组织（IMVP）的专家对日本"丰田生产方式"的总结和赞誉，被詹姆斯·沃麦克等人于其著作《改变世界的机器》中首次系统阐述。自此，精益生产作为一种先进制造模式为世人所知并被不断研究。

精，精良、精确，即少而精，不投入多余的生产要素，只是在适当的时间生产必要数量的市场急需产品（或下道工序急需的产品）；益，效益、利益，即所有经营活动都要有益有效，具有经济性。

精益生产通过有效地消除生产中的浪费、不合理、不增值的环节，生产高质量的产品。精益生产作为当前工业界普遍认可的一种生产组织体系和方式，已经被很多企业引入，以期在激烈的全球竞争中，保持低成本、高品质的竞争优势。

一、精益生产的结构

精益生产的制造模式是日本汽车工业遭到"资源稀缺""多品种、少数量"的市场制约下的产物。经丰田喜一郎及大野耐一等人的共同努力，直到20世纪60年代，精益生产的制造模式才逐步完善。简单来说，精益生产就是一种以最大限度地减少企业生产所占用的资源和降低企业管理和运营成本为主要目标的生产方式。

近年来，精益生产及日本汽车工业飞速发展引起了各国学者和工程技术人员的关注，精益生产机理和结构的研究和探讨也由此展开。其中，中国天津科技大学王频在参观考察了丰田汽车及协作企业在内的 28 家企业后，提出了新的精益生产的结构：准时化生产（JIT）、柔性自动化生产（FAP）、全面质量管理（TQM)和专业化协作生产（SCP)，其基础是基于计算机网络的并行工程（CE）和小组工作方式（TW）。

准时化生产是精益生产的起源和核心。其核心是"在必要的时候只生产必要数量的必要产品，杜绝一切浪费"和"不生产多余的成品"。看板（Kaban）操作是实施准时化生产的具体措施。看板管理是对生产过程中各工序的生产活动进行控制的信息系统，采用"取料制"即后道工序，根据市场需要进行生产，对于本工序在制品短缺的量从前道工序领取相同的在制品量，从而形成全过程的拉动控制系统，不多生产一件产品。这样，看板就在生产过程中的各工序之间周转，从而将与取料和生产的时间、数量、品种等有关的信息从生产过程的下游传递到上游，并将相对独立的工序个体连接为一个有机的整体。看板管理可制止过量生产，从而彻底消除在制品量的浪费以及由之衍生的种种间接浪费，还可使产生次品的原因和隐藏在生产过程中的问题及不合理的成分充分暴露出来。通过对问题的彻底改善，看板管理实现生产过程的合理性、高效性和灵活性。

与刚性自动化的分散、固定节拍和流水生产的特征相反，精益生产采用适度的柔性自动化技术（FAP），以成组技术（GT）为基础，由数控机床、加工中心或柔性生产系统、机器人技术和自动化检测技术等组成的自动化生产系统。它是现代化生产适应多品种、保证质量和技术效率的重要手段。

丰田的自动化是柔性自动化。生产线上的每个工位都设置了可随时停线的"按灯"拉绳装置，悬挂在醒目位置的光电显示板会同步显示相关信息。这样，一旦出现异常，就可以立即采取措施予以排解。除此之外，通过合理化建议活动，在生产现场还安装了诸如省力座椅、防呆预警器、分钟换模法等很多防止操作失误及体现人本理念的劳动保护装置及设施。

全面质量管理（TQM）由全面质量控制（TQC）改名而来。TQM的主旨是调动每一个员工的积极性，从生产的每一个环节入手，把产品质量问题解决于萌芽状态。在这样的基础上，日本企业的 TQM 小组还把工艺方案的改进、降低消耗、提高效率等纳入管理。与企业管理的国际标准 ISO 9001 相比，TQM 的要求更高、更严格。

专业化协作生产随着社会劳动分工的发展而发展。其中，专业分工把社会生产分解成许多独立的专业化的生产单位，而协作又把各个专业化生产单位连结为一个有机整体。

专业化协作有利于采用最新的科学技术成果，提高生产机械化和自动化水平；有利于工人技术培训和提高其生产技术操作水平；有利于提高生产工时利用率、生产设备利用率和产品质量；有利于挖掘生产潜力，充分有效地利用人力、物力资源，提高经济效果；有利于缩短建厂时间，节约基本建设投资；有利于简化生产管理，提高企业管理水平；有利于改变企业"大而全""小而全"的生产结构，促进生产的发展。专业化协作是生产发展的必然趋势，在现代化社会大生产中，只有不断地提高专业化协作水平，才能生存和发展。

基于计算机网络的并行工程和小组工作方式是丰田汽车精益生产的基础。并行工程是集成的、并行的设计产品及相关的各个过程（包括制造过程和支持过程），要求产品开发人员在设计之初就考虑产品从概念形成到报废处理整个生命周期的所有因素。丰田汽车从设计之初就考虑用户需求、质量、成本、进度计划、环保性能、使用寿命和报废后材料的再生利用等问题。

二、新生产方式的革命

精益生产通过消除企业所有环节上的不增值活动,来达到降低成本、缩短生产周期和改善质量的目的,以应付市场多变的小订单多品种甚至个性化需求的挑战。正是因为精益生产冲击了大量生产立足的基本原则,动摇了大量生产的基础,因此,精益生产的诞生也成为一次新的生产方式的革命。

詹姆斯·沃麦克等人在《改变世界的机器》中写道:"丰田汽车确实是在制造上完成了一场革命,旧的大量生产方式的工厂不能与之竞争,新的最佳方法——精益生产方式——完全能够成功移植到新的环境中。"而"采用了精益生产方式,并且当它不可避免地扩大到汽车工业以外时,将改变几乎所有行业的一切,包括消费者的选择、工作的性质、公司的财富,最终是国家的前途"。

首先,精益生产改变了生产流程的分离,提出了基于流程的生产管理思想。在手工业阶段,生产流程是紧密连接而不被分开的。在大批量生产阶段,人们通过引入在制品库存和成本库存,才使得生产与销售、生产中的不同工序相互分离,从而充分利用规模经济实现生产效率的提高。而大批量生产发展至今,市场已经转变为供过于求、顾客需求多样化,大批量生产的规模经济已经不能适应时代的需要。为此,精益生产通过引入快速调整技术,将生产批量降低到单件,大大降低了各个环节的库存。同时,基于价值增加流程来考虑整个生产链的管理,可以使生产系统的各个环节充分流动起来。

其次，在组织管理上，精益生产突破性地发挥了团队工作的作用，并且改变了金字塔层级式的组织体系，明确了扁平化的组织发展趋势。詹姆斯 P. 沃麦克明确指出动态工作小组是精益工厂运作的核心。在工厂现场管理、质量管理及产品开发中，精益生产注重基于团队的工作和管理。此外，精益生产对生产中的责任和权力重新分配，明确提出授权的方针。精益生产将生产中的大部分权利充分授予一线工人，提出了生产决策应该由在组织结构中尽可能低的层级做出。可以说，扁平的层级结构、较宽的控制范围、多功能团队和被授权的员工形成了精益生产的组织创新特色。

最后，在工作流程设计和管理上，经常性的工作轮换、适当的任务范围、最小数量的工作分类构成了精益生产在工作流程设计和知识管理方面的特点。丰田生产系统的真正核心在于：工作内容的专业化、明确化；工作方法的科学化、明确化；各种供应关系、产品和服务连接的简单化、直接化和自动调节。

精益生产的关键是管理过程，包括人事组织管理的优化，大力精简中间管理层，进行组织扁平化改革，减少非直接生产人员；推进生产均衡化、同步化，实现零件库存与柔性生产；推行全生产过程（包括整个供应链）的质量保证体系，实现不良率为零；减少和降低任何环节上的浪费，实现零浪费；最终实现拉动式准时化生产方式。精益生产的特点是消除一切浪费，追求精益求精和不断改善。精简就是精益生产的核心所在。

第二节　绿色制造：走向环境友好

加工制造业的发展让人类有更大的能力去改造自然并获取资源，其生产的产品被直接或间接地运用于人们的消费当中，极大地提升了人们的生活水平。作为创造人类财富的支柱产业，在过去的一百多年里，加工制造业给人类带来了前所未有的文明和财富，也带来了严重的环境问题。

当前，环境污染的加剧让环境保护得到空前重视，全球经济的发展与碳排放的增长相互脱钩成为大势所趋。在中国，生态文明建设被作为统筹推进"五位一体"总体布局和协调推进"四个全面"战略布局的重要内容。随着社会数字化与能源升级的双转型，绿色制造的重要性越发凸显。

一、绿色制造之必然

1996 年，美国制造工程师学会发表了绿色制造的蓝皮书（*Green Manufacturing*）。自此，绿色制造的研究在世界各地兴起。并且，随着环境问题的日益恶化以及社会数字化大转型，绿色制造已成为当下的必然选择。

绿色制造又称环境意识制造、面向环境的制造等，是一种综合考虑环境负影响和资源利用的现代制造模式。其目标是使产品从设计、制造、包装、运输、使用到报废处理的整个生命周期，对环境的影响最小，资源利用最优。绿色制造具有广义的内涵。除了保护环境及有效地利用有限的资源之外，绿色制造还包括 2 个层次的全过程控制。

一个层次是在集体的制造过程即物料转化过程中，充分利用资源，减少环境污染，实现具体绿色制造的过程；另一个层次是在构思、设计、制造、装配、运输、销售、售后服务及产品报废后回收的整个产品周期中，每个环节均充分考虑资源和环境问题，以实现最大限度地优化利用资源和减少环境污染的广义绿色制造过程。

当前，环境、资源、人口已成为人类社会面临的三大主要问题。环境问题恶化程度与日俱增，正在对人类社会的生存与发展造成严重威胁。并且，环境问题绝非是孤立存在的，与资源、人口两大问题有着内在的联系。对于资源问题来说，它不仅涉及人类世界有限的资源如何利用，又是产生环境问题的主要根源。

在这样的背景下，最有效地利用资源和最低限度地产生废弃物，是环境问题的治本之道。因此，涉及产品的整个生命周期，作为一个"大制造"的概念，在产品生命周期的每一个阶段全面地考虑资源因素和环境因素，即保护环境和资源优化利用的绿色制造成为必由之路。

此外，社会数字化转型方兴未艾，其形成的涟漪是蔓延开来的。工业的场景复杂多样，这决定了企业在进行数字化转型时无法一蹴而就。智能制造强调消除非增值活动所造成的浪费，同时以最低的成本和更高的效率交付高质量的产品。一个组织的竞争力和盈利能力，如果在智能制造模式下进行管理，就可以有效地提高生产效率。

为了保持竞争力，面对当今前所未有的全球竞争形式，企业必须设计和提供更好的产品和服务，改善其制造业务。绿色制造在制造领域内更新生产流程和建立无害环境的业务，减少使用自然资源，回收和再利用材料，并在生产过程中减少排放，无疑拓宽了智能制造的边界。

事实上，制造方式的转变与能源效率的提升，从来都是不可分割的。一个世纪以前，福特汽车公司应用第一条流水线来装配飞轮磁电机，将人类大规模生产能力发挥到极致。但却少有人知道，能源的变革是福特汽车公司流水线的另外一个关键因素。

电动机的发展使机器终于可以摆脱中央动力的限制。既往的中央动力（如一个蒸汽机）需要靠齿轮链条传动后再进行动力分配，这使得机器的布置受到巨大的限制，而电动机带来的分布式动力终于让机器可以按照最高效率而布置。

绿色制造带来的能源变革正是除了智能制造外推动工业革命进一步发展的一个关键因素。当绿色制造以最大的限度减少浪费和污染，并叠加各种数字化技术时，不但能够减少浪费和污染，而且将大幅度提高组织的生产率和利润。

二、绿色制造之绿色技术

从"大制造"的概念来讲，制造的全过程一般包括产品设计、工艺规划、材料选择、生产制造、包装运输、使用和报废处理等阶段。如果在每个阶段都考虑绿色制造的因素，就会产生相应的绿色制造技术。

1. 绿色设计

传统的产品设计通常主要考虑产品的基本属性，如功能、质量、寿命、成本等，即以人为中心，终端是人的需求和以解决问题为出发点，以至于在设计传统产品的过程中往往无视产品在生产和使用过程中的资源和能源消耗以及对生态环境的影响。

绿色设计是一种全新的设计理念，又称生态设计（Ecological

Design，ED）、环境设计（Design for Environment，DFE）、生命周期设计（Life Cycle Design，LCD），在产品全部生命周期内着重考虑产品环境属性（节能性、可拆卸性、长寿命、可回收性、可维护性、可重复利用性等）。

绿色设计的基本思想就是要在设计阶段就将环境因素和预防污染的措施纳入产品设计之中，将环境性能作为产品的设计目标和出发点，力求使产品对环境的影响达到最小。从这一点来说，绿色设计从可持续发展的高度审视产品的整个生命周期，强调在产品开发阶段按照全生命周期的观点进行系统性的分析与评价，消除潜在的、对环境的负面影响，从而形成"从摇篮到再现"的过程。绿色设计可以通过生命周期设计、并行设计、模块化设计等几种方法来实现。

2. 绿色制造材料

绿色制造材料的选择要求设计人员改变传统的选材方法，在满足基本功能的前提下，考虑构成产品的材料具有绿色特性，即在产品的整个生命周期内，这类材料应有利于降低能耗，使环境负荷最小。

一是减少所用材料种类，使用较少的材料种类不仅可以简化产品结构，便于零件的生产、管理和材料的标识、分类，而且在相同的产品数量下，可以得到更多的可回收材料。

二是选用可回收或再生材料。使用可回收材料不仅可以减少资源的消耗，还可以减少原材料在提炼加工过程中对环境的污染。宝马汽车公司生产的 Z1 型汽车，其车身全部由塑料制成，可在 20 分钟内从金属底盘上拆除。车门、防撞梁和前、后、侧面的操纵板都由通用汽车公司生产的可回收利用的热塑性塑料制成。

三是选用能自然降解的材料。福建省测试技术研究所成功研制出了由可控光塑料复合添加剂生产的一种新型塑料薄膜,这种薄膜在使用后的一定时间内即可降解成碎片,溶解在土壤中被微生物吃掉,从而起到净化环境的作用。

四是选用无毒材料。在汽车和电子工业中,最常用的是含铅和锡的焊料。但是铅的毒性极大,所以近年来已经在油漆、汽油和其他诸多产品中被限制或禁止使用。

3. 清洁生产

相对于真正的清洁生产技术而言,绿色制造过程中的清洁生产更多的是从绿色制造工艺技术、绿色制造工艺设备与装备等入手实现的。

例如,在实质性的机械加工中,在铸造、锻造冲压、焊接、热处理、表面保护等过程中都可以实行绿色制造工艺:改进工艺,提高产品合格率;采用合理工艺,简化产品加工流程,减少加工工序,谋求生产过程的废料最少化,避免不安全因素。减少产品生产过程中的污染物排放,如减少切削液的使用等,目前多通过干式切削技术来实现这一目标。

4. 绿色包装

众所周知,现代商品的营销有五大要素,即产品、价格、渠道、促销和包装。而在重视环境保护的世界氛围里,绿色包装在销售中的作用也越来越重要。绿色包装是指采用对环境和人体无污染、可回收使用或可再生的包装材料及其制品的包装。

绿色包装,意味着优化产品包装方案,使得资源消费和废弃物产生最少。避免过度包装;使包装可以多次重复使用或便于回收,且不会产生二次污染。

5. 绿色回收和处理

产品的回收处理是个系统工程，从产品设计的开始就要充分考虑这个问题。要采用针对拆卸的设计（Design for Disassembly，DFD）考虑回收中的后勤运输问题、回收产品状态的可能变化、一些零部件被损害或腐蚀等问题。报废的产品应及时回收、处理。一方面，经拆卸后，零部件可以重新使用，节省了大量原材料。另一方面，减少了环境污染。因此，在产品设计过程中，要使产品易于拆卸，使不同的材料可以很方便地分离开，以便于循环使用、再生或降解。

绿色制造本身是一种企业行为，但是在某种程度上又具有公共物品的特性，因此要使绿色制造成为自觉的企业行为。各国政府则需要先行一步，如完善法律法规、税收政策和资金市场，支持环保部门切实有效的工作等。然而，这方面的法律法规目前却还不能形成对绿色制造行为的有力支持。

当然，随着碳中和的盛行，全球经济的发展迟早要与碳排放的增长脱钩，而绿色智能制造更将在未来成为提升数字化企业竞争力的重要一环。从技术到制度，从困局到破局，都将成为绿色制造奔流的起点。

第三节　服务化延伸：增值制造价值链

当前，制造的价值链不断延伸和拓展，制造和服务逐渐融合，制造业企业更加倾向于为顾客提供产品服务及其应用解决方案。面向服务的制造是为实现制造价值链的增值，通过产品和服务的融合、客户全程参与、提供生产型服务或服务型生产，实现分散的制造资源整合和各自核心竞争力的高效协同，达到高效创新的一种制造模式。

服务型制造是未来制造业转型的重要模式，并且将成为一种可持续发展的商业模式，这种模式也将为企业带来巨大的收益。

一、服务型制造的演化与成熟

从演化的路径来看，服务型制造作为服务与制造的融合状态，实际上是制造业向服务业靠拢和服务业向制造业靠拢的双方相互运动的结果。

其中，制造和服务具有两种关系：一是客户/供应商关系——制造业的发展为许多生产性服务如金融、保险、技术咨询、物流等开拓了市场，而这些服务反过来有力支持和加速了制造业的发展；二是互相依附关系——服务依附于产品，产品的销售依附于服务，如制造业企业售卖某种产品的同时创造了相关服务的需求，服务业企业出售工程或管理顾问服务时，能够引导客户对设备和其他相关辅助设备的需求。

于是，随着社会化分工的加深和生产性服务的发展，制造业和服务业相互融合、相互依赖，两者的边界越来越模糊，不仅促使传统产品内涵发生改变，而且使传统的制造组织发生了改变。

具体来看，一开始，企业仍为出售单一产品的制造模式。制造业企业从自然界攫取资源，然后经过制造系统的加工和生产，最后通过经销商或代理商在市场中售卖产品。产品所有权在交易过程中转移给消费者，并最终获得市场价值，如饮料、食品和服装等产品的生产。

后来，企业开始出售产品并提供实现产品功能的服务。究其原因，是由于企业售卖给顾客的产品较为复杂。因此，为了保障产品的正常功能，需要提供相应的辅助性服务。例如，洗衣机和空调的送货、维护与维修等服务。于是，基于产品功能的服务逐渐与产品捆绑，利用产品功能实现或搭载服务，使产品成为服务的载体，售卖产品的目的只是让顾客享受更好的服务，就好像充话费送手机的服务，通过支付定制的服务费用免费获取手机。

再后来，基于产品功能的服务也开始拓展，在产品基本功能的基础上拓展附加功能，实现产品用途以外的服务，创造更大的价值。例如，美国德州某拖拉机制造商，在其生产的拖拉机履带上安装探头，在拖拉机耕地的过程中采集当地土壤的信息，并传输给化肥生产商以便于生产适合当地土壤成分的化肥。

最终，服务型制造模式得以成熟，通过产品和服务的融合、客户全程参与、企业相互提供生产性服务和服务性生产，实现分散化制造资源的整合和各自核心竞争力的高度协同，达到高效创新。它是基于制造的服务，也是为服务的制造。

二、服务型制造更新价值链创造

服务型制造作为一种新型的制造模式，实现了服务业与制造业的融合，正在更新价值链的创造模式，显现着其优于传统制造模式的优势。

首先，服务型制造实现了从有限次服务到全周期服务。企业传统物流供应链管理体系的核心问题就是如何快速、准确、高效、低成本地将原材料、半成品及部分成品供应给需求方。然而，消费观念和生产方式的变化，促使消费者与供应商之间的关系发生变化，由推动式供应链向拉动式供应链转变，从向消费者提供一次性购买服务变为向全产品生命周期的服务。

这种新型竞合关系的形成，促使制造业企业进一步外包其业务，从而促进了制造业与服务业的融合。服务型制造实现了产品在流通过程中的加工，如钢材、果蔬的流通加工等。这一方面更好地满足了客户的需求，促进了产品的流通效率，另一方面增加了制造业企业和服务业企业的盈利空间，将获利的时间从一次性向产品全生命周期转变。

其次，服务型制造实现了制造和服务融合的新模式，使客户从简单需求者转变为参与制造者。该模式整合了分属不同区域、不同实体、不同状态的资源，实现了资源的集中调配、使用和效率最大化。同时，服务型制造充分重视客户的需求和地位，将客户引入供应链管理体系中，成为"合作生产者"。通过各成员企业间的生产性服务和服务性生产活动，达到客户价值最大化和企业价值的目标。同时，扩大了盈利空间和范围，使单一、单环节的服务收入向多层次、复合收入转变。

服务型制造以客户需求管理为起点，整合与协调供应链中各成员企业的资源，客户可参与原辅材料采购、产品设计、生产制造、产品包装、物流、售后服务、产品回收等一体化的服务过程，实现产品全生命周期的价值增值，实现制造业供应链中各成员企业的价值增值，最终实现分散其核心竞争力的高度协同。

最后，服务型制造还推动了从价值满足向需求满足过渡。服务型制造的产生与发展，有利于实现产品的价值增值和企业的价值增值，同时有利于实现客户的价值增值，客户的价值增值是通过客户需求的更深层次的满足实现的。服务型制造实现了企业利润来源的多元化，如产品利润来源、服务利润来源。这些企业不仅能提供产品服务，而且可以提供产品以外的服务，如售后支持、金融服务和物流服务等。

服务正成为企业竞争的新领域和提高产品附加值的新途径。客户在获得全方位服务的过程中产生更高的满意度，形成更加稳定的客户关系。服务型制造实现了服务网络和制造网络的融合，在这个动态的新网络中，资源通过市场达到优化配置的状态，实现柔性制造。

总体来说，在制造网络和服务网络全球化趋势下，制造业与服务业的发展相互制约和影响，两业融合发展是必然趋势。服务型制造是两业融合发展后产生的一种新的业态和模式，有利于实现制造业转型和升级。在买方市场条件下，如何构造适应企业发展需要的供应链、推行供应链管理，是企业发展的必然选择。服务型制造的发展需要关注价值链体系和运行机制的建设，以适应企业发展的内外部环境，提高企业的核心竞争力。

第四节　工业互联网：数字化转型的有效路径

第四次工业革命是信息物理系统的深度融合，在这样的背景下，能够直接连接消费者和制造商的工业互联网，成为第四次工业化浪潮的重要产物。当前，工业互联网平台已经在全球制造业中掀起了一股热潮。作为推动新一代信息技术与制造业融合的载体，工业互联网平台助力制造业转型升级日益成为全球共识。

一、工业互联网走向未来

工业互联网囊括了庞杂的细分领域，而从不同的角度出发，将形成对工业互联网的不同认识。

从技术层面看，工业互联网是新型网络、先进计算、大数据、人工智能等新一代信息通信技术与制造技术融合的新型工业数字化系统。可以说，工业互联网在漫长的演进中形成，是多项信息技术的系统综合。

从宏观层面看，工业互联网通过工业经济全要素、全产业链、全价值链的全面连接，支撑制造业数字化、网络化、智能化转型，不断催生新模式、新业态、新产业，重塑工业生产制造和服务体系，实现工业经济高质量发展。

在工业互联网时代，生产资料与生产关系将发生革命性变化。在工业互联网中，来自工艺环节的数据将在网络空间汇集、处理、沉淀，最终在工艺环节体现价值。与蒸汽时代、电力时代的技术革命相仿，数据将成为工业企业的重要生产资料，而通信技术则将成为重要的生产工具。

当然，认识和发展工业互联网是一个循序渐进的演化过程。企业信息化是工业互联网发展的前提，也是企业内在的需求。世界上的第一个财务系统是由美国通用电气公司自行开发的。在企业信息化的过程中，不同的系统被广泛应用于企业的各个部门，其间产生了大量的信息孤岛。

将价值链向用户端扩展的过程是工业互联网发展的必然，这个过程需要对企业的软件开发能力和对下游用户的运行机制有很强的把控能力。例如，从宝钢信息化部门演变出的宝信、一汽集团的启明星等，既服务自身企业，同时实现了各种项目的创收。

工业互联网走到最后，必将会对整个行业的数字化进程进行通用性赋能。从成本需求来看，低成本永远是工业企业增厚利润的重要追求，但传统物理设备效率提升已达到极限。工业互联网采用云计算、大数据技术改造现有的机器和物理设备，将带来极其明显的成本费用边际改善。

例如，Uptake 帮助美国最大的核电站 PALO Verde，实现每年 1000 万美元的成本节省，使成本降低 20%。又如，青岛纺织机械厂依托海尔 COSMOPlat 平台，通过数据采集及分析实现设备远程运维，每年节省 96 万元，宕机时长从每次的三天缩短为一天，降低直接损失 64 万元/次。

从供应链上看，工业互联网提出生产制造新模式，实现柔性制造和个性化定制，对智能化生产有着至关重要的作用。从空间链上看，受空间、资源的限制，传统企业难以实现多个环节的协同。在工业互联网的支持下，工业企业将可以实现业务信息共享，帮助企业实现即时生产监控、远端数据采集与控制，及时响应打破空间隔阂，实现互联互通。

二、工业互联网驶入深水区

早先，工业互联网受到的关注度并不高。一方面，相对于通俗易懂的消费领域，工业本身就具有一定的门槛；另一方面，没有 5G 网络支撑的工业互联网像是空中楼阁。然而，2020 年作为 5G 商用普及的一年，将工业互联网发展推至关键节点。

同时，在物联网、云计算、人工智能、大数据技术等的支持下，工业互联网窗口临近。物联网技术的发展使得包含智能物体状态、标识、位置的大量工业数据得以收集，互联网技术为数据的传递提供了可能，云计算提供了基于平台的工业数据计算及分析能力。互联网、云计算、物联网、大数据等信息技术向工业领域的渗透融合，促成了工业互联网的突破与成型。

目前，工业互联网已基本走完了从概念普及到实践生根的发展过程。

其中，网络是工业互联的基础。工业互联网要求企业内部的供销存、生产、中后台管理等环节实现人、财、物等信息流的统一，打破了当前烟囱式（相互独立）的工业信息系统。同时，打通外部产业链上下游企业之间的信息流，实现整体协同。因此，工业互联最基础的要求在于通过通信网络提供底层支持，最终实现信息系统网络、生产系统网络中不同单元、不同设备、不同系统的实时感知与协同交互。

平台是工业互联的核心。生态中的不同单元、不同设备、不同系统产生的海量数据通过网络基础在平台上汇集，本质是面向大工业的数字化、网络化、智能化需求，通过物联网、人工智能、大数据等新兴技术，构建高效、实时、精准的平台体系，实现数据汇集、建模分析、应用开发、资源调度、监测管理等功能，是工业互联的核心。

安全则是网络与平台的保障。在工业互联网时代，数据是企业的核心资产之一，更加强调体系的信息安全。企业内网的安全可分为企业内应用安全、控制安全及设备安全三个方面，整体体现为对设备、网络、数据的安全防护能力。

在这样的背景下，工业互联网的战局引发了越来越多的关注。除了有 GE、西门子、PTC、SAP 等国际巨头盘踞其中，还有浙江蓝卓、腾讯云、卡奥斯、徐工信息等本土公司，以及越来越多的主体力量持续带动着更多细分领域的技术创新。

阿里巴巴（Alibaba）于 2020 年推出的"犀牛智造"（Rhino）就是具有工业互联网特色的智能工厂。"犀牛智造"能够利用阿里巴巴庞大的消费者数据，帮助小型服装企业预测哪些单品会畅销，从而简化生产计划。

在工厂内部，"犀牛智造"的机器都配有智能摄像头，各工作站之间由传送带连接。每块布料都有标记，可追踪溯源，整个工作流程通过数字方式记录在阿里巴巴的云端,这样商家就可以远程追踪进度。通过将生产线的每一道工序数字化,阿里巴巴正在为终端服装制造商采用标准化的通用操作系统运行所有的机器奠定基础。

显然,工业互联网已经开始驶入深水区。

三、竞合还是零和

工业细分领域的庞杂,意味着工业互联网的深入将是一场混战。未来所囊括的企业无论是数目,还是细分领域门类,其规模都将是空前的。竞合还是零和,如何抢占第一高地,成为企业当下面临的重要问题。

但无论是竞合还是零和,在工业互联网的深海中,企业的自身定位都具有重要作用。一方面,尽管中国是全世界唯一拥有联合国产业分类中全部工业门类的国家,但却没有一个厂家能够覆盖所有的工业各细分行业及应用场景。另一方面,入局工业互联网赛道的企业,其本身的基因也不同,如工业企业、ICT 企业、互联网巨头等。有些企业从流程型制造切入,有些则从离散型制造切入,其打造的工业互联网平台的技术架构也各不相同。找准定位,是在工业互联网深海中混战的第一步。

同时,互联网企业在发展过程中,关键在于数据交换、系统整合和创建通用系统。产业是从事相同性质经济活动的所有单位的集合,然而,由于供应链、价值链跨越不同的产业和企业,往往存在企业联系薄弱、数据共享不畅等问题。这就导致数据的价值无法得到充分发挥。

工业互联网是一个生态共同体,从要素到价值由生态共同完成。推动跨工业互联,就要建立全价值链、全商业生态的企业之间的连接,实现与企业经营相关数据在全价值链、全生态中的流动。

最后，工业互联网是基于价值链拓展的外化，并且呈现完全不同于传统工业的特征。鲜明的行业鸿沟、企业变化多端的流程，对平台而言都是巨大的鸿沟。最重要的是，工业互联网的商业逻辑已经发生嬗变。

在工业互联网时代，一个传统的制造业需要作为一个运营商的全能角色出现。比如，富士康作为一个卓越制造的公司基因，是否真的能支撑它转为一个运营型的公司。同样，海尔、美的、徐工、中联重科等每一个致力于全新角色的公司，都需要面对组织变革是否已经就绪，来应对一门全新的商业模式的拷问。

工业互联网是技术的集大成者，需要大量来自不同学科、技术与知识的汇聚与融合。而当前，没有哪家平台具备超过50%以上的工业互联网所需要的资源、技术与能力。

显然，就目前而言，平台之间不会是零和关系，而是竞合关系，并且是合作优先于竞争的。只有平台与平台充分协作，构建一个"共享与协同"的生态共同体，才能把"蛋糕"做大。走向工业互联网深度应用的新契机已经降临，这也将重新定义加工制作，创新互联网的未来。

第五节　智能制造：从技术到模式

智能制造，是技术，也是模式。

从技术角度而言，智能制造是在新一代信息技术、云计算、大数据、物联网技术、纳米技术、传感技术和人工智能等基础上，通过感知、人机交互、决策、执行和反馈，实现产品设计、制造、物流、管理、维护和服务的智能化，是信息技术与制造技术的集成协同与深度融合。

同时，基于云计算、物联网、面向服务和智能科学等技术的智能制造也是一种智能化的制造模式。它利用网络和云制造服务平台，按需组织网上制造资源（制造云），为用户提供可随时获取的、动态的、敏捷的制造全生命周期服务。

一、智能制造的关键技术

智能制造模式是实现制造过程的高新化、全球化与透明化，以实现从制造向"智造"的转变。这个过程是以智能制造关键技术的升级为基础的，包括人工智能技术、物联网技术、大数据技术、云计算技术、信息物理融合系统技术及智能制造执行系统技术等。

1. 人工智能技术

在智能制造过程中，以技术与服务创新为基础的高新化制造技术需要融入生产过程中的各个环节，以实现生产过程的智能化，提高产品生产价值。人工智能技术赋能的制造业具有极大的潜力，其与相关技术结合，可优化制造业各流程环节的效率，通过工业物联网采集各种生产数据，再借助深度学习算法处理后提供建议甚至自主优化。

从制造业的人工智能应用场景来看，主要包括产品智能化研发设计、在制造和管理流程中运用人工智能技术提高产品质量和生产效率，以及供应链的智能化。

在产品研发、设计和制造中，人工智能技术既能根据目标和约束利用算法探索各种可能的设计解决方案，进行智能生成式产品设计，又能将人工智能技术成果集成化、产品化，制造出如智能手机、工业机器人、服务机器人、自动驾驶汽车及无人机等新一代智能产品。

对于生产制造来说，将人工智能嵌入生产制造环节，可使机器更加聪明，不再仅仅执行单调的机械任务，而是可以在更多复杂情况下自主运行，从而全面提升生产效率。

在智能供应链上，需求预测是管理领域应用人工智能技术的关键。通过更好地预测需求变化，企业可以有效地调整生产计划、改进工厂利用率。此外，智能搬运机器人将实现仓储的自主优化，大幅提升仓储拣选效率，减少人工成本。

2. 物联网技术

物联网技术基于 RFID 技术与智能传感器的信息感知过程、无线传感器网络与异构网络融合的信息传输过程、数据挖掘与图像视频智能分析的信息处理过程，实现制造过程的生产过程控制、生产环境监测、制造供应链跟踪、产品全生命周期监测等，帮助企业更好地掌握与利用地方资源。因此，物联网技术在智能制造的全球化进程中发挥着不可替代的作用。

3. 大数据技术

全球化物联网的出现，源源不断产生海量数据。面对这些数据所具备的"4V"特性——大规模性、多样性、高速性与低价值性，如何利用大数据技术对这些数据进行处理与融合，实现生产制造过程的透明化，从中获取价值信息，并依靠智能分析与决策手段提高应变能力，是提高制造过程"智能"水平的关键所在。

4. 云计算技术

针对全球化物联网与大数据的特征，云计算基于资源虚拟化技术与分布式并行架构，将基础设施、应用软件、分布式平台作为服务提供给用户，实现分布式数据存储、处理、管理与挖掘。通过合理利用资源与服务，云计算技术为实现智能制造敏捷化、协同化、绿色化与服务化提供了切实可行的解决方案，在数据隐私性与安全性得到保障的前提下，将获得企业的广泛认可。

5. 信息物理融合系统技术

信息物理融合系统通过"3C"技术——计算机技术、通信技术与控制技术的有机融合与深度协作，实现制造过程的实时感知、动态控制与信息服务。作为一个智能且有自主行为的系统，信息物理融合系统不仅能够从制造环境中获取数据，进行数据处理与融合，提取有效信息，并且可以根据控制规则通过工业机器人等设备作用于制造过程，实现信息技术与自动技术的交互融合，是智慧制造的关键领域。

6. 智能制造执行系统技术

智能制造执行系统技术针对协同化、智能化、精益化与透明化需求，在已有的传统制造执行系统的基础上增值开发智能生产管理、智能质量管理、智能设备管理等功能模块，实现全流程一贯制生产过程与产品质量智能控制，并基于物联网和大数据实现制造过程的实时远程监控、事件预测、事件分类和事件响应，实现工厂自动化与信息化的两化融合，是实现智能工厂的核心环节。

二、走向智能制造

制造业智能化不是凭空产生的社会进程，而是以前期技术积淀为支撑，以人工智能和新一代信息通信技术等先进技术作为产业变革的拐点。数字化制造是制造业智能化的发展起点，网络化制造是实现制造业智能化的过渡阶段。可以说，制造业升级的最终目的，是从数字化、网络化转而最终实现智能化。现在，制造业正处在由数字化、网络化向智能化发展的重要阶段。

数字化制造是制造业智能化的发展起点。数字化制造以数字化技术为基础，伴随着数码控制技术与数控机床的发展，以产品的设计与生产制造环节为作用对象，强调生产流程的数字化。从设计环节来看，数字化制造相较于传统制造而言，主要是将传统的手工草图设计转换为计算机模拟设计，极大地提升了设计效率。从生产制造环节来看，数字化制造实现了部分制造程序的自动化，表现为用机器来完成一些复杂且精密的加工程序。数字化制造的代表性技术有数控机床等。

网络化制造则是制造业智能化的过渡阶段。网络化制造以网络化时代为背景，伴随着信息与通信技术的发展，以企业间的协同生产运作为作用对象，强调企业合作与信息共享。从技术基础来看，网络化制造以互联网技术作为支撑，突破了地理空间对于企业生产经营的约束，企业间通过互联网进行信息沟通与协调。从制造目的来看，相较于数字化制造，网络化制造从聚焦于企业内部生产转移到聚焦于企业间协同生产，表现为以网络的方式实现资源的共享与集成。网络化制造的代表性技术有基于网络的分布式CAD系统和开放结构控制的加工中心等。

智能制造是制造业智能化的成熟阶段。智能制造是在数字化制造和网络化制造基础上发展而来的，数字化制造与网络化制造是智能制造的必要条件。智能制造以产品制造全流程和全生命周期为作用对象，强调运用新一代信息通信技术和人工智能，表现为将人工智能赋予生产运作系统，使其能够自感知、自决策和自执行。

智能制造的核心就在于"智能"。相较于数字化制造，智能制造不仅全面利用计算机进行控制，利用增材制造等新型制造方式来实现特殊形状与结构的产品设计,极大地替代了人的脑力与体力,赋予了制造过程的分析、推理与执行能力。相较于网络化制造,智能制造通过工业互联网实现智能机器的互联甚至人机互联,是互联网向工业的延伸与扩展。

在全面感知、泛在连接、深度集成和高效处理的基础上,智能制造基于计算与算法,将以人为主的决策和反馈转变为基于机器或系统自主建模、决策、反馈的模式,为工业互联网实现精准决策和动态优化提供了更大的可能性。智能制造实现了从数据到信息、知识、决策的转化,挖掘数据潜藏的意义,摆脱了传统认知和知识边界的限制,为决策支持和协同优化提供可量化的依据,最大化发挥利用工业数据的隐含价值。这将在未来成为工业互联网发挥使能作用的重要支撑,实现人、机、网的高度融合。

第三篇 未来

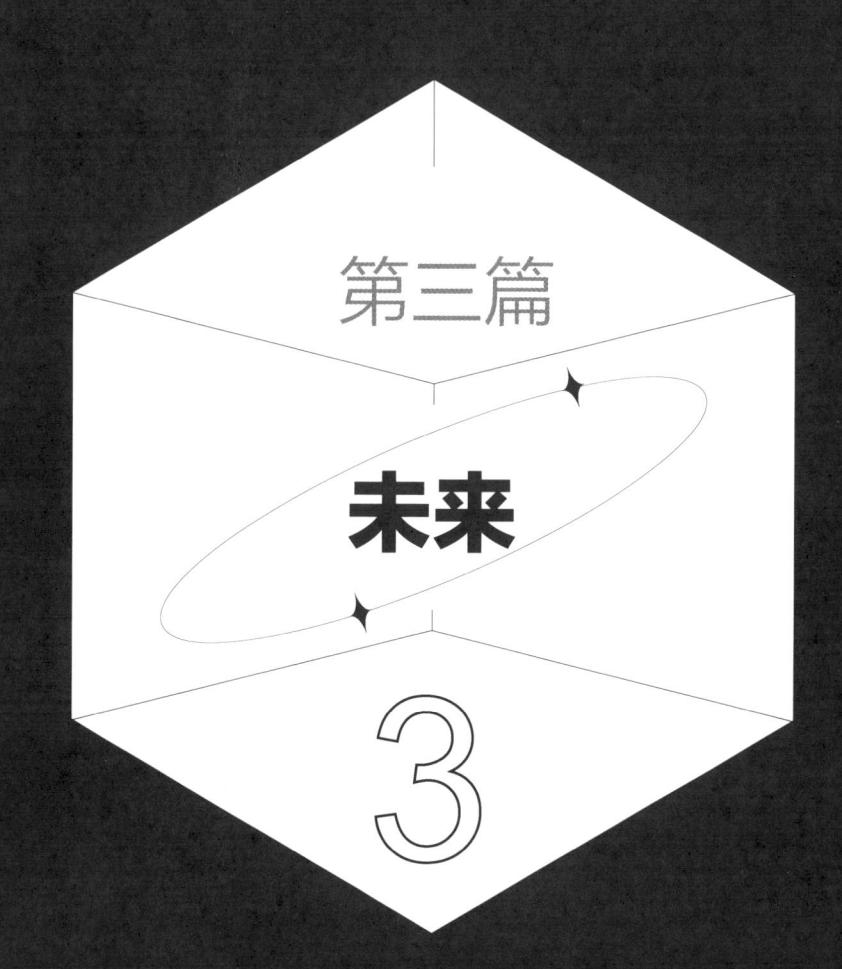

3

第五章
新角色、新市场、新规则

第一节　工业再出发

一、从工业化到"去工业化"

工业对于人类生活的重要性毋庸置疑，但自20世纪70年代以来，资本主义世界的发达国家中却出现了"去工业化"的浪潮。

美国从第二次世界大战后便开始了"去工业化"历程。作为在第二次世界大战之前已经完成工业化进程并开始进入后工业化阶段的传统工业化国家，美国为绕过欧共体的关税壁垒而改变了以往向西欧国家直接出口机电、汽车等产品的做法，转而在欧洲进行了大规模直接投资的本土化生产。

第二次世界大战后，美国的产业空心化进程实际上反映了美国产业结构"脱实向虚"的深刻趋势。在这一过程中，制造业不断萎缩并被当成美国的"夕阳产业"。从制造业在国民经济中的产值比例看，美国制造业出现了明显的下降趋势。除电子产品制造业等少数部门外，机械制造业、汽车制造业等传统的制造业产值比例都出现了长期的趋势性下降，本应服务于实体经济的虚拟经济却不断膨胀。

美国传统的农业部门持续了工业化以来的下降趋势，产值和就业在国民经济中的比例均很小；第二产业中除制造业份额出现下降以外，其他产业部门长期保持了相对较小的稳定比例；而在第三产业中的虚拟经济部门则随着"经济服务化"的热潮引发了快速增长。

经过20多年的快速工业化和经济增长之后，日本第三产业的比重在20世纪70年代末已经超过50%，日本由此进入后工业化阶段。

此后，日本通过海外直接投资和技术转移，不断把国内丧失竞争力的产业和生产环节移向海外，从初期的生产制造环节逐步扩展到了企业价值链的其他环节。

从制造业内部的行业分布看，日本加工类制造业中的海外企业比例在过去 20 年中出现了翻番式的增长，而材料类制造业中海外企业的数量比例也在 2007 年超过了 2/3。在此期间，日本国内企业的海外生产比例长期保持着稳步上升的态势，而海外企业的海外生产比例虽然有一定的波动性，但总体上呈现明显的上升态势。

总体来看，日本制造业中海外企业的数量已经超过了总量的一半，以企业数量计算的制造业海外生产比例已达到空前高度。特别是日本许多大型龙头企业带动了与之相关配套企业的海外转移，但这种产业集群式的转移引起了日本大企业的零部件和配套产品的供应环境变化，从而形成了大中小型企业相继向海外转移的连锁风险。

大量日本企业向海外转移生产能力，意味着日本国内资本向海外大量流出。并且，日本长期以来一直将出口制造业产品和海外投资作为其主要经济优势，并对外国资本的进入设置了诸多限制，产业环境中诸多明显的约束因素决定了其难以成为外国直接投资的首选之地。由此，日本吸引外资的金额与其经济规模的比例在世界上长期处于倒数的位置，成为典型的海外直接投资逆差国。

1990—2004 年，日本国内平均每年对海外的直接投资约 270 亿美元，而这一时期日本平均每年吸收的海外直接投资却仅约 40 亿美元，这意味着日本平均每年有约 230 亿美元的投资净流出。这种差距在 2005 年之后变得更加悬殊，日本平均每年的海外直接投资超过 700 亿美元，而其国内吸收的海外直接投资却仅约 75 亿美元。

究其原因，"去工业化"是产业结构演进中企业行为和资本流动应对外部产业环境变化的结果。从企业行为的层面看，无论是国内劳动力成本的提高、自然资源供给的紧张，还是汇率的变动都可能引起群体性的企业生产和投资对本土制造业等实体经济部门的远离。从资本流动的层面看，产业环境约束会导致产业资本在本土制造业等实体经济部门的回报率下降，从而出现向更高资本回报率的区域和产业流动的倾向，并最终引起"去工业化"的出现。

产业环境约束的增强是导致"去工业化"出现的初始原因。在工业化进程不断深化的过程中，产业环境约束的增强具有一定的普遍性。从劳动力供给的演变看，人口结构演变的基本规律决定了人口机会窗口时期的劳动力无限供给终将结束，而老龄化时期的人口红利消失和劳动力供给不足终将到来，这就意味着建立在较低劳动力成本之上的产业结构不可持续。从资本的供给看，资本在产业间的分配不均和"麦克米伦缺口"式的金融约束是导致制造业企业的产业环境恶化和经营困难的重要原因。从自然资源的供给看，自然资源的有限性决定了建立在低成本资源供给和环境破坏基础上的产业结构不可持续，而摆脱这一约束的产业结构转型必然要经历高消耗产业衰退的过程。从国际产业环境的变化看，随着国际分工比较优势的变化，发展中国家成本低廉、市场广阔的优势会大量吸引发达国家的产业转移，这在一定程度上替代了从发达国家的产品进口，造成这些国家出口企业的外部需求减少。此外，国际贸易摩擦的加剧、国际市场需求的波动及汇率升值等因素也是造成国际产业环境约束增强的重要原因。

企业战略转型中的"空心化行为"是导致"去工业化"出现的关

键所在。可能造成"去工业化"的企业战略转型主要有两类：第一类是企业区域布局战略转型。在国内劳动力成本上升、市场趋向饱和的情况下，企业为追求更低的成本和更大的市场份额，会考虑将企业的生产制造等环节转移到更具有比较优势的地区。第二类是企业业务结构战略转型。随着传统制造业的产业环境约束增强，企业可能通过实施业务结构调整，降低传统制造业的业务比例，并通过离心多元化战略投资于金融市场等虚拟经济领域的业务。如果这些"空心化行为"是诸多企业的集体行动，由此造成的直接后果就是其所在的区域和产业出现生产能力的整体性下降，从而爆发"去工业化"。

产业资本"离本土化"和"离制造化"的流失是导致"去工业化"的直接原因。作为通过生产活动直接获得资本增值的产业资本，其流动的直接目的是在控制风险基础上的更高回报，而操纵其流动的主体是其所在的企业。在企业响应产业环境约束而做出战略转型的过程中，产业资本也随之流动，与企业的区域布局转型战略和业务结构离心多元化战略相适应，产业资本的流动呈现出"离本土化"和"离制造化"的趋势。在这两种趋势下，大量产业资本从本土流到海外，从实体经济部门流到虚拟经济部门，这意味着企业本土的制造业等实体经济部门出现了资本的流失和投资的不足，"去工业化"也就不可避免了。

二、兴也工业，衰也工业

尽管西方国家"去工业化"的举措一度被视为明智之举，被认为当一国处于工业化中后期时，其技术和资本积累足够雄厚，并且居民的消费水平较高时的必然改变。但事到如今，"去工业化"弊端尽显。

正如前文所讲，"去工业化"主要有两种表现：第一种是以工业资本大量流入第三产业为特征的"去工业化"形式；第二种则是以工业资本向其他国家转移为特征的"去工业化"形式。此外，第二种"去工业化"的表现中又包含了不同的现象，对出现"去工业化"现象的发达国家产生不同的影响。

第一种"去工业化"的表现有两个结果：一是造成了生产效率的损失。"去工业化"使劳动力从较高生产率的制造业流向较低生产率的服务业，这将降低社会生产效率。二是导致了要素投入的降低。相对而言，服务业的资本劳动比例较低，对资本的需求与劳动投入也较低，因此随着劳动力从制造业流向服务业，将减少对资本和劳动的引致需求，从而带来失业以及经济发展的滞缓。

在美国，随着制造业产值比例的下降，大量的劳动力从制造业中被"挤出"，而这些劳动力又无法在短期内被其他产业部门吸收，由此造成了美国长期以来的就业难题。特别是 20 世纪 80 年代以来，美国的制造业就业人口比例出现了大幅下降，这固然与其产业自身劳动生产率的提高有关，但更大程度上则是受到了产业部门整体性下降的影响。

从工业产业转移出来的人口多数会进入服务业，而作为吸纳大量就业人口的服务业，也分为高端服务业和低端服务业。前者主要包括金融、会计、法律、医疗、教育等需要专业知识的服务业岗位，这些岗位普遍收入较高，但就业岗位却很少。而低端服务业大多不需要多么高深的专业知识和技能，门槛低，但收入也偏低。蓝领工人则在"去工业化"的过程中逐渐消亡，其结果就是加速了社会贫富两极分化，在社会中筑起藩篱。于是，随着"去工业化"趋势的加强，大批工人失业。

对于第二种"去工业化"的表现，当工业资本向其他国家转移时，不可避免地出现了产业空心化现象。20世纪70年代以来，英美等国将大量高端制造业转移向德国、日本、韩国等国家，而从20世纪90年代开始又把基础制造业大规模移向以中国为主的发展中国家。这就使得英美等国的国内呈现出产业空心化的特征，出现了彻底的"去工业化"现象。

缺乏工业支撑将导致国家面临的风险大大增加。例如，英国在21世纪初，服务业在其国民生产总值中的比例提高到了70%，英国经济实现了由生产型到服务型的根本转变。

恰在这时，与大西洋彼岸的美国遥相呼应，英国房地产业发展迅速。一方面，随着英国工业的不断萎缩，英国金融业就把越来越多的资金用于发展本国的房地产和购买美国次贷债券，助长了本国及美国的房地产泡沫。

另一方面，在房地产泡沫破裂前，英国以金融业为代表的服务业从中得益最多，于是出现了房地产业和服务业"共同繁荣"的"双赢"局面。然而，英国、美国的房地产泡沫破裂后，形势急转直下，英国金融业受到本国房贷坏账和美国次贷的双重夹击，损失惨重，原本被视为"就业蓄水池"的服务业成了失业重灾区。英国失业率大幅攀升，特别是金融业、房地产高薪白领的大批失业，又对英国零售业、旅游业、餐饮业等其他服务业产生连锁冲击。

这个过程也是美国国民经济中的资本越来越多地流向了非生产性的虚拟经济领域的过程。2008年，美国金融危机爆发前，美国国民经济中金融保险业和房地产业的比重已超过 20%，特别是金融业公司利润占全部公司利润的比例已高达 40%。但是，同期的制造业、建筑业等传统实体经济部门的比重则从第二次世界大战后初期的 50%下降到了不足 30%。虚拟经济和实体经济失衡下的产业空心化成为美国经济泡沫化和金融危机爆发的根源。正是"去工业化"对西方国家社会经济带来了巨大的伤害，才有了各个国家为挽救工业化的颓势，进行的"再工业化"。

三、从"去工业化"到"再工业化"

显然，制造业是经济增长的发动机，制造业的增长可以在制造业内部和制造业以外的其他产业创造更多的经济活动，具有较高的乘数效应和广泛的经济联系。制造业增长比其他产业相同规模的增长将创造更多的研发活动。制造业创新活动对于推动生产率的增长至关重要，而生产率增长则是提高生活水平的源泉。而当实体经济尚不足以支持第三产业持久发展繁荣所必需的工业基础时，"去工业化"就有待纠偏，重新回到"再工业化"轨道上来。

由美国次贷危机引致的全球金融危机，为发达国家"再工业化"提供了一个深刻的理由。在这样的背景下，美国、英国、欧盟国家等一度"去工业化"的西方发达国家开始重新审视实体经济与虚拟经济的关系，纷纷将"再工业化"作为重塑竞争优势的重要战略，制造业的地位再次受到重视。

事实上，"再工业化"并非全新的概念，最早由美国社会学家阿尔泰·埃兹厄尼提出。《韦伯斯特词典》（1968 年版）对"再工业化"的解释是："一种刺激经济增长的政策，尤其是在政府的帮助下，实现旧工业部门的复兴和现代化,并支持新兴工业部门的增长。"

而此次"再工业化"的政策内涵不再停留于以往重振、"回归"制造业的范畴,其实质是要发展以高新技术推进的高端先进制造业,实现制造业的升级,从制造业的现代化、高级化和清洁化中寻找增长点,以此奠定未来经济长期繁荣和可持续发展的基础。为保障"再工业化"战略的顺利实施,西方各国纷纷制订政策文件或出台扶持措施,多管齐下破解"再工业化"进程中的难题,力图通过政府干预重振制造业。

首先,金融危机后,西方各国相继出台引领制造业发展的战略规划,将发展制造业上升为重要的国家战略。

奥巴马于 2009 年 12 月签署《美国制造业振兴框架》,将制造业视为美国经济的核心。此后,美国政府着手制定《2040 年制造业规划》,着眼于应对来自新兴大国的长远挑战。2010 年 8 月,奥巴马正式签署《美国制造业促进法案》。在历次《国情咨文》中,奥巴马多次以制造业作为振兴经济的切入点。

英国政府于 2008 年发布《制造业:新挑战,新机遇》战略报告,2009 年又公布了新的制造业发展战略,提出占据全球高端产业价值链、抢占低碳经济发展先机等战略构想。2010 年,英国发布《向增长前进》战略报告,概述在经济复苏中起到发动机作用的产业和企业的未来发展方向,再次指出充满活力的制造业对英国十分重要。

2010 年,《欧盟 2020 战略》明确提出恢复工业的应有地位,使工业与服务业共同成为欧盟经济发展的支柱。作为该战略的重要组成部分,欧盟在同年还出台了工业发展新战略,以巩固和发展欧盟工业竞争力。萨科齐上任后提出法国工业新政，明确将工业置于国家发展的核心位置，并提出法国制造业产量的增长目标及具体措施。

其次，从各国发展"再工业化"的举措来看，绿色、低碳成为振兴制造业的主要方向。

美国不断加大对新兴产业的支持力度，力图在新能源、基础科学、节能环保和"智慧地球"等领域取得突破。奥巴马政府提出"绿色新政"，公布新的综合性能源计划，签署《绿色能源与安全保障法案》、颁布《美国清洁能源安全法案》，并通过税收抵扣、政府资助、设立研发和制造中心等一系列措施，支持清洁技术研发推广，推动清洁能源设备及产品的普及。《2009年美国复苏和再投资法案》推出总额为7870亿美元的经济刺激方案，其中可再生能源及节能项目、智能电网等产业成为投资的重点。2009年的《美国创新战略》，再次提出政府将推动清洁能源技术应用，计划在智能电网、再生技术方面进行大规模投资；支持发展先进车辆技术，确立美国在这一领域的尖端地位。

英国将低碳经济作为第四次技术革命和未来发展的支柱产业。《英国低碳转型计划》将400万英镑用于帮助制造业实现低碳化转型。《英国低碳工业战略》提出在政策倾斜、产品采购、教育培训、标准化和资金投入等方面给予制造业全面支持。在《制造业：新挑战，新机遇》的战略报告中，英国政府提出要出台综合性低碳行业战略，帮助制造业适应低碳经济，重点是核能供应链、可再生能源设备和低碳车辆。在委托多家研究机构对低碳经济产业化进行深度研究的基础上，英国政府制定《低碳产业战略远景》，提出英国应采取措施打造未来低碳的基础设施，推动英国成为全球低碳汽车开发和生产的领先者。英国政府还采取一系列措施推动新能源汽车的发展，包括成立低排放汽车办公室，协调和简化各部门政策；资助 1000 万英镑支持开发先进高效电气系统；启动"联合城市"计划以协助各大城市部署充电站网络；公布"充电汽车消费鼓励方案"，对购买符合条件的新能源汽车的私人或团体消费者给予财政补贴。

《欧盟经济复苏计划》提出要实施"绿色伙伴行动""能效建筑伙伴行动""未来工厂伙伴行动""欧洲绿色汽车行动"等一系列计划，并宣布于 2013 年之前投资 1050 亿欧元发展绿色经济。欧盟还通过排放权交易、能源税、绿色政府采购等方式，重点推动制造业产品和过程实现"低碳化"。2009 年，欧盟发布了《欧盟交通道路电动化路线图》(3.5 版)，对欧盟电动汽车发展做出全面指导。德国在《2020 高科技战略》中，重点推出包括电动车发展在内的 11 项"未来规划"。为推动汽车行业的低碳化转型，德国政府投入大量资金促进电动汽车的研发及其相关基础设施的建设。此外还先后推出了"电动汽车国家发展规划""混合动力汽车发展计划"，成立"国家电动汽车平台"(NPE)，实施"能源创新和新能源技术研究项目""汽车和运输技术交通研究项目""国家氢燃料电池技术创新项目"，以助推该产业的发展。为实现工业新政所设立的目标，法国政府重点支持新技术、新能源等领域，并在 2010 年财政预算法案中制订 350 亿欧元的"大额国债"计划，安排 65 亿欧元支持工业和中小企业，其中包括提供 5 亿欧元的"绿色贷款"用于企业生产节能减排的改造，提高企业竞争力。

最后，在各国重振工业的努力中，科技创新被视为未来制造业持续发展的最主要推动力，各国纷纷加大投入，推动制造业的"智慧型"成长。

美国在《2009 年美国复苏和再投资法案》草案中增加了 133 亿美

元科技投入。《美国创新战略》报告计划加大投资以恢复美国基础研究的国际领先地位。美国已经正式启动的高端制造计划包括：积极在纳米技术、高端电池、能源材料、生物制造、新一代微电子研发、高端机器人等领域加强攻关，从而推动美国高端人才、高端要素和高端创新集群发展，保持在高端制造领域的研发领先、技术领先和制造领先。美国政府还专门成立了制造业政策办公室，协调官、产、学、研各部门制造业政策的制定和执行，从人才培养、技术创新、税收奖惩和贸易促进等多个方面协同推动制造业振兴与回归。

此外，美国还加大了科研基础设施建设投入：美国国家科学基金会获得联邦政府 2 亿美元的财政拨款以恢复和强化美国的科研基础设施实力；美国能源部从美国经济刺激和再投资法案中拨付 3.27 亿美元用于科学研究、基础设施以及实验室大型仪器设备的更新；美国商务部国家标准与技术研究则在经济刺激计划中获得 3.6 亿美元用于科研基础设施建设。

英国技术战略委员会继续投入 2400 万英镑用于高端制造业的研究。于 2008 年 3 月发布的《创新国家白皮书》中指出，英国政府将继续支援"10 年科学和创新投资框架计划"，增加技术战略委员会经费。2008 年 5 月，在《联系与催化：2008—2011 年企业创新战略》中，宣布技术战略委员会将连同相关部门在未来三年内共投资 10 亿英镑，并吸引同等金额的私人投资。2009 年 6 月，英国政府投资 1.5 亿英镑设立英国创新投资基金，并以此带动私人资本，为初创企业和处于成长期的高技术企业提供 10 亿英镑的风险资本。

在 2008 年年底召开的欧盟科研基础设施大会上，欧盟一次性增加了 10 个新的大型科研基础设施，使欧盟科研基础设施路线图计划中的建设项目增至7大类44项,建设经费总额达到169.51亿欧元,年运行费用为22.1亿欧元。德国政府在2008年7月启动中小企业创新核心项目(ZIM),为科研创新项目提供资助。2009年,德国联邦政府为"中小企业创新计划"新增9亿欧元经费投入,联邦政府和各州政府为德国高等院校的科研基础设施项目提供1.74亿欧元专项。

德国科学基金会为大型研究仪器提供8500万欧元的联邦经费。在《2020德国高技术战略》中,德国联邦和各州政府一致同意至2015年,教育和科研投入占GDP的比重增至10%。法国2009年大型科研设施预算增加3.19亿欧元,同比增幅达17%。法国政府还通过法国创新署(OSEO)设立专项基金,重点支持中小企业的科研创新活动,并通过国家战略投资基金(FSI)出资支持大中型企业的研发创新活动。

第二节　泛工业革命走向世界

泛工业革命是全球性现象,世界主要工业国家近年来都已经制定了相应的战略措施。

一、德国:"工业4.0"

在2011年德国汉诺威工业博览会上,"工业4.0"被首次提出,旨在通过应用物联网等新技术提高德国制造业水平。可以说,德国提出并实施"工业4.0"战略,是其应对最新技术发展、全球产业转移,以及自身劳动力结构变化的国家级战略。

2013 年，德国联邦教研部与联邦经济技术部将"工业 4.0"项目纳入了德国政府于 2010 年 7 月公布的《高技术战略 2020》确定的十大未来项目之一，计划投入 2 亿欧元资金，旨在支持工业领域新一代革命性技术的研发与创新，保持德国的国际竞争力，确保德国制造的未来。

由默克尔政府发起并在世界范围内推广的"工业 4.0"，希望重塑德国在工业领域的全球龙头地位，也是解决老龄化等问题的积极应对战略。在这一高度下，德国"工业 4.0"战略的根本目标是通过构建智能生产网络，推动德国的工业生产制造进一步由自动化向智能化和网络化方向升级，侧重借助信息产业将原有的先进工业模式智能化和虚拟化，重视智能工厂和智慧生产，并把制定和推广新的行业标准放在发展的首要位置上，即德国"工业 4.0"的产业集成。

德国"工业 4.0"战略包括基于"数字—物理系统"的智能工厂的建设，以及生产制造单元与企业的采购、营销、研发等各个价值链环节。同时与不同企业间的互联构成更大的、更高层次的智能生产网络，再通过现代制造技术的突破和应用，进一步发挥德国在产品创新、信息技术、高端装备和复杂工艺管理等领域的优势，从而提振德国制造业的实力，维持和巩固其在全球制造业的领先地位。

"工业 4.0"的概念描述了由集中式控制向分散式增强型控制的基本模式转变，目标是建立一个高度灵活的个性化和数字化产品与服务的生产模式。这是继机械、电气和信息技术的前三次工业革命之后，物联网和制造业服务所带来的第四次工业革命。在这种模式中，传统的行业界限将消失，也会产生各种新的活动领域和合作形式。创造新价值的过程正在发生改变，产业链分工将被重组。

从消费意义上来说，"工业4.0"就是一个将生产原料、智能工厂、物流配送、消费者全部编织在一起的大网。消费者只需用手机下单，网络就会自动将订单和个性化要求发送给智能工厂，由其采购原料、设计并生产，再通过网络配送直接交付给消费者。如果用一个词来概括这个概念，那就是"互联工厂"，通过互联网等通信网络将工厂内外的事物和服务连接起来，创造前所未有的价值、构建新的商业模式，甚至还能解决很多社会问题。

从实质上看，"工业4.0"就是IT技术与工业技术的融合。智能工厂和智能生产让用户的个性定制化需求得以满足，即使是一次性的产品也可以通过颇具收益的方式制造出来。在"工业4.0"中，对供应商而言，动态商业模式和适时业务流程使产品生产和交付变得更加灵活，而且对于生产中断和故障可以灵活反应。工业制造在生产制造流程中已经能够提供端到端的透明化，以促进选择决策的制定。"工业4.0"会发掘出创造价值的新方法，开发商业新模型。

在"工业4.0"时代，网络技术、计算机技术、信息技术、软件将与自动化技术深度交织，发掘出新的价值模型。"工业4.0智能辅助系统"把工人从单调、程式化的工作中解放出来，使其能够将精力集中在创新和增值业务上。灵活的工作组织形式使得工人们能够更好地整合自己的工作，使私人生活和持续的职业生涯发展变得更有效率。

通过实施"工业4.0"战略，德国工业企业既可以满足消费者高度个性化的需求，也能够对变化的市场需求和原材料供应变动做出及时的反应和调整。目前，西门子、SAP、博世等大企业为提供网络平台技术展开了竞争。德国政府、行业协会等成立了指导委员会与工作组来推进工业4.0战略，并且在标准、商业模式、研究开发与人才方面采取了一系列措施，如融合相关国际标准来统一服务和商业模式；建立适应物联网环境的新商业模式，使整个 ICT 产业能够与机器和设备制造商及机电一体化系统供应商工作联系得更紧密；支持企业、大学、研究机构联合开展自律生产系统等研究；加强技能人才培训，使之符合工业 4.0 的需要。

二、美国：工业互联网

美国是第三次工业革命的集大成者，在全球信息技术的发展上遥遥领先。然而，近年来，虽然美国依旧在航空航天、芯片制造等先进制造业领域占据全球领先地位，但其制造业内部空心化和丢失了全球市场份额的局面已经很难通过简单的政策调整或商业方式来扭转。同时，美国面临类似的人口结构问题，国际消费者对产品定制多样化的要求也从内外部促使美国利用其在信息产业方面的优势对制造业加以改造。

美国于 2012 年启动《美国先进制造业国家战略计划》，使"再工业化"的思路得到全面阐释。美国提出发展包括先进生产技术平台、先进制造工艺及设计与数据基础设施等先进数字化制造技术，核心是鼓励创新，通过信息技术重塑工业格局，激活传统产业。这种从 CPU、系统、软件、互联网等信息端出发，通过大数据分析等工具"自上而下"重塑制造业，与德国的从制造业出发、利用信息技术等手段改造制造业的"自下而上"的思路不同。

面对第四次工业革命，美国则采取了"工业互联网"的代表性措施。2012 年，美国工业互联网战略正式上升为国家战略。工业互联网涉及基于机器、设备、集群及网络而构建的广阔的物理世界，可在更深层次上与连接能力、大数据、数字分析进行密切结合，旨在对一系列关键的工业领域掀起工业互联网的革命，进而促使其成功实现转型升级。

工业互联网战略的核心内容主要体现在信息供应网络方面，而其技术模型主要涉及互联网技术、大数据、云计算及宽带网络等。依靠对制造领域的不同环节植入迥异化的传感器，进而不断进行实时感知和数据收集，借助数据陆续对工业环节进行准确的有效控制，最终实现提高效率的目的。

美国的工业互联网注重要素集成，尤其注重将互联网的成果进行整合。工业互联网主要涵盖工业智能机器、高级分析、工作人员三大要素。工业智能机器是将机器、设备、网络等借助于传感器、控制器、软件应用程序进行有效连接，陆续推动"信息"这一重要生产要素的高效整合；高级分析是对机器及大型系统的运作方式进行整体把握，进而促使数据为技术集成做充分准备；工作人员主要是在不同的工作场所构建工作人员的实时连接，进而有效构建较为智能的设计、操作、维护、高质量的服务与安全保障。

从工业互联网的发展趋势来看，一是制造业服务化，即推动制造业从单纯的产品制造转为服务型制造；二是定制个性化，即从规模化产品向个性化定制产品拓展；三是组织分散化，受互联网融合的影响，工业渐渐表现出组织分散的特征；四是制造资源云化，数码公司构建工业云，逐步把设计、供应、采购及制造等融合在平台上。

当前，美国的互联网及信息通信技术巨头已与传统制造业领导厂商携手，如通用电气公司、电话电报公司、国际商用机器公司、英特尔公司和思科公司联合成立了"工业互联网联盟"。来自美国、日本及德国等的百家企业及机构加入其中，共同商定物联网标准化的基本框架、分析应用创新实践。

例如，通用电气公司为了推进工业互联网，于 2011 年建立了通用电气软件中心，作为软件开发和推广使用的基地，并与 EMC 等公司共同出资成立了 Pivotal 软件公司，处理工业互联网中的大数据管理业务，2014 年开始向客户提供工业互联网核心数据分析软件"Predix"。

三、中国：制造强国战略

当前，身为制造业大国的中国尚未成为世界级制造业强国，处于"工业 2.0"和"工业 3.0"并行发展阶段。中国制造的发展既没有德国在传统工业领域的雄厚基础，也缺乏如美国般引领世界信息技术发展的先进技术。并且，在中国制造业发展的过程中，还要解决产品质量提升、强化工业基础能力、制造业升级转型等基本问题。

为应对第四次工业革命，2015 年 3 月 5 日，李克强总理在政府工作报告中指出，要实施制造强国战略，加快从制造大国转向制造强国。对此，国内工业界倍感振奋，国际经济界高度关注；5 月 8 日，国务院部署全面推进实施制造强国战略。

制造强国战略坚持走中国特色新型工业化道路，以促进制造业创新发展为主题，以提质增效为中心，以加快新一代信息技术与制造业深度融合为主线，以推进智能制造为主攻方向，以满足经济社会发展和国防建设对重大技术装备的需求为目标，强化工业基础能力，提高综合集成水平，完善多层次多类型人才培养体系，促进产业转型升级，培育有中国特色的制造文化，实现制造业由大变强的历史跨越。

作为一个人口大国，要建设制造强国，就要促进制造业实现又大又强的目标：一是雄厚的产业规模，表现为产业规模较大、具有成熟健全的现代产业体系、在全球制造业中占有相当比重；二是优化的产业结构，表现为产业结构优化、基础产业和装备制造业水平高、战略性新兴产业比重高、拥有众多实力雄厚的跨国企业及一大批充满生机活力的中小型创新企业；三是良好的质量效益，表现为生产技术先进、产品质量优良、劳动生产率高、占据价值链高端环节；四是持续的发展能力，表现为自主创新能力强、科技引领能力逐步增长，能实现绿色可持续发展，具有良好的信息化水平。

为了顺利实现目标，制造强国战略制定了以"创新驱动、质量为先、绿色发展、结构优化、人才为本"为基本方针的战略对策和行动计划。

从创新驱动来看，中国积极构建智能制造工程和制造业创新体系建设工程；加快推动新一代信息技术与制造技术融合发展，把智能制造作为主攻方向；着力发展智能产品和智能装备，推进生产过程数字化、网络化和智能化，培育新型生产方式和产业模式，全面提升企业研发、生产、管理和服务的智能化水平。

同时，要建立以企业为主体、产学研紧密结合的技术创新体系。围绕重点行业转型升级和重点领域创新发展的重大共性需求，形成一批制造业创新中心，重点开展行业基础和共性关键技术研发、成果产业化、人才培训等工作。

从质量为先来看，德国在"工业 2.0"的时候就解决了质量问题，中国要实施制造强国战略就必须下决心解决质量问题。应强调新的技术革命对提高质量的促进作用，用创新的方式，用"工业 4.0"的信息化、智能化的新技术和新方法，更好地解决质量问题。

例如，构建工业强基工程。基础零部件、基础工艺、基础材料和产业技术基础（统称"四基"）等工业基础能力薄弱，是制约中国制造业质量提升和创新发展的症结所在。要实施工业强基工程，就需要统筹推进"四基"发展，加强"四基"创新能力建设，推动整机企业和"四基"企业协同发展。

此外，中国工业还需要全面强化质量意识，提高质量控制技术，完善质量管理机制，强化和推进先进的制造业标准，实现工业产品质量大幅提升；推进品牌建设，形成具有自主知识产权的名牌产品，不断提升企业品牌价值和中国制造品牌的良好形象。

从绿色发展来看，中国坚持把绿色发展作为建设制造强国的重要着力点，走生态文明的发展道路，实现由资源消耗大、污染物排放多的粗放制造向资源节约型、环境友好型的绿色制造的转变。包括加大先进节能环保技术、工艺和装备的研发和推广，加快制造业绿色改造升级；积极推行低碳化、循环化和集约化，提高制造业资源利用效率；强化产品全生命周期的绿色管理，努力构建高效、清洁、低碳、循环的绿色制造体系。

从结构优化来看，中国坚持把结构优化作为建设制造强国的主要方向，大力发展战略性新兴产业，推动传统产业向中高端迈进，推动生产型制造向服务型制造转变；优化产业空间布局，加强现代企业建设，培育一批具有核心竞争力的产业集群和企业群体。

推动制造业由大到强的关键在于高端装备。要集中优势力量，推进优势领域和战略必争领域的装备创新，实现新一代信息技术产业、高档数控机床和机器人、航空航天装备、海洋工程装备及高技术船舶、先进轨道交通装备、节能与新能源汽车、电力装备、农机装备、新材料、生物医药及高性能医疗器械十大领域的重点突破。

在以人为本方面，中国坚持把人才作为建设制造强国的根本。加强制造业人才发展的统筹规划和分类指导，建立健全科学合理的选人、用人、育人机制，改革和完善学校教育体系，建设和强化继续教育体系，加快培养制造业发展急需的专业技术人才、经营管理人才、技能人才，建设规模宏大、结构合理、素质优良的制造业人才队伍。

第三节 "灯塔工厂"：建立现代工厂

灯塔与航海密不可分。在大海上，灯塔是船舶航行的"指路明灯"，保卫行船的安全。泛工业时代里，涌现出一批可以提供指导性范例的引路者，这些企业被称为"灯塔工厂"。

"灯塔工厂"是泛工业时代的新角色，是"数字化制造"和"全球化 4.0"的示范者。它们验证了"生产价值驱动因素的全方位改进可以催生新的经济价值"这一假设——不论是资源生产率和效率、灵活性和响应能力、产品上市速度，还是满足客户需求的定制能力，都可以催生新的经济价值。

"灯塔工厂"凸显了制造业的全球化特征。德国某企业可能将工厂设在中国，中国某公司又可能将工厂设在美国。创新不分地区，也不分背景。从采购基础材料到加工业，再到解决特殊需求的高端制造商，行业千差万别、包罗万象。这也意味着，各种规模的企业都有在泛工业浪潮里革新并且走向卓越的潜力，不论是立足全球的蓝筹企业，还是员工不到100人的本地公司。

"灯塔工厂"重视协作，每年都向成千上万的来访者敞开大门。因为它们知道，协作文化带来的益处远超竞争带来的威胁。它们能为其他企业带来灵感，帮助制定战略、提高劳动者技能、与参与革命的其他企业展开协作，并且管理贯穿整个价值链的各种变化。

"灯塔工厂"之所以被视为"灯塔"，是因为它们在大规模应用新技术方面走在前沿，是智能制造的标杆和先行者；是因为它们将数字化和制造业深度融合，在业务流程、管理系统等方面有着具体运用和实质性创新；更因为它们所探索的将"制造"提升至"智造"的共性规律，可以为其他制造业企业提供宝贵的启示和借鉴。

一、"灯塔工厂"的诞生

"灯塔工厂"是成功将泛工业时代的制造技术从试点阶段推向大规模整合阶段的工厂，并借此实现了财务和运营效益。

2018年，世界经济论坛协同麦肯锡公司对1000多家来自全球各行各业的领先制造商进行了全面筛选，经过实地探访和记录，由第四次工业革命专家委员会进行全面检视后，从中确立了16个"灯塔工厂"，即拜耳、宝马、博世、丹佛斯、UPS参股的Fast Radius、富士康、海尔、强生、Phoenix Contact、宝洁、Rold、Sandvik Coromant、沙特阿美、施耐德电气、西门子和塔塔钢铁运营的工厂。2019年，全球"灯塔工厂"新添28名成员；2020年，世界经济论坛宣布全球"灯塔工厂"名单再增10名成员；2021年新增21家，成员总数达75家。

"灯塔工厂"是当今全球最为先进的生产场所，他们无一例外都克服了企业面临的典型挑战，如从事过多的概念验证、推广速度过慢、缺乏跟技术有关的整合性商业案例、部署太多孤立的解决方案、创造无数的数据孤岛等，最终实现革命性影响，并获得敏捷而持续的提升。

"灯塔工厂"之所以成为"灯塔工厂"，离不开生产系统创新和端到端价值链创新。

生产系统创新是企业通过卓越的运营扩大自身竞争优势，旨在优化生产系统，提高运营效率和质量指标。通常情况下，企业会在一个或几个工厂先行试点，然后逐步推广。

显然，通过加强生产率和灵活性进行转型，制造业可以实现普惠性的经济增长。然而，对多数组织来说，要实现转型就要面临严峻的挑战。麦肯锡的研究表明，第四次工业革命技术在普及的进程中，超过 70%的试点企业深陷"试点困境"，只有 29%的试点企业通过积极措施大规模部署了第四次工业革命技术，还有更多的工业企业尚未进行试点，或者即将开始试点。

工业企业陷入"试点困境"，不仅对于全面的转型"束手无策"，试点的进展也十分缓慢。如果无法让企业从试点走向规模化，转型将失去意义。造成这一局面的原因有很多，例如，缺少长远的数字化战略，组织内部建设能力不足，规模扩张有限，缺少管理层的关注和支持，缺少业务部门的主导，缺少生态合作伙伴的赋能等。归根结底，是企业没有把试点作为战略层面的转型。

泛工业革命具有互联透明、智能优化、柔性自动化三个特点。当我们讨论泛工业时，讨论的绝不仅仅是一个技术概念，也不只是工厂层面的转型，更多的是整个组织架构的升级，是新工业时代的战略布局。

如果要在泛工业时代脱颖而出、成功转型，就不仅仅是落地一个或几个技术那么简单，而要进行通盘考虑：第一，转型必须由业务部门主导推动；第二，要打破传统的理念，整合多职能的工作方法；第三，进行流程的再造，并持续对员工进行培训；第四，要打造数字化执行引擎，至上而下地推动组织的转型；第五，构建可扩展的工业物联网基础架构；第六，联合各领域的企业，建立技术伙伴生态圈。

端到端价值链创新通过改变运营经济性，为企业创造新业务。它们将创新部署到整个价值链中，通过推出新产品、新服务、高度定制化、更小的批量或者更短的生产周期，为客户提供全新或者改良的价值主张。企业会先在某一个价值链上实施创新和转型，然后逐步将其经验和能力延伸至其他部门。

在端到端价值链中，全球"灯塔工厂"网络的最佳数字化用例已经达到 92 个，囊括了供应网络对接、端到端产品开发、端到端规划、端到端交付、客户对接及可持续性等方方面面。此外，与采用传统运营系统的企业相比，"灯塔工厂"创建的全新运营系统拥有更高的投资回报率，竞争优势显著。

二、"灯塔工厂"的打造

规模效益是打造"灯塔工厂"的关键。一只 30 克的小白鼠，日常代谢率是 1 瓦特，而一只 3000 克的猫，日常代谢率却只需 32 瓦特。究其原因，在于生物的体积变大后，生物利用能量的效率会提高，每个细胞每秒所需要代谢的能量就越少。因此，代谢率无须增加 100 倍，只要提高 32 倍就够了。这种因为尺度增加带来的效率提升，就是规模效益。

"灯塔工厂"之所以能在泛工业浪潮下领跑，在于学习且成功突破了"试点困境"，并取得规模效益。"灯塔工厂"的规模效益始于运营方式的改变。在整个转型过程中，"灯塔工厂"同时在业务流程、管理系统、人员系统和工业物联网及数据系统四个方面发力，对运营系统进行深入创新，通过逐步增加数字化工具产生"1+1>2"的效果。

成功规模化部署的关键在于五大推动因素，即将敏捷制造方式、敏捷数字工作室、技术生态系统、工业物联网及可扩展的数据基础架构系统性地应用于生产过程的全价值链之中，并置于数字化转型的核心地位，进而带来了成功的规模化部署。

1. 敏捷制造方式

敏捷制造利用高度发达的信息技术，通过快速配置各种可用资源，响应不断变化的商业环境，及时调整产品结构，以最大限度地满足用户多元化的需求。敏捷制造极富创造性地构建了一种企业的动态联盟——虚拟企业，以便能灵活快速地对市场变化做出积极响应，使整个制造生产系统在技术、管理或人员、组织上都具备充分的柔性，尤其强调了组织的柔性。

为了实现敏捷制造，除了做到信息集成和过程集成外，还必须实现企业集成。企业集成就是针对某一特定产品，选择合作伙伴，组建企业动态联盟，充分利用联盟企业所具有的设计资源、制造资源、人力资源等，解决联盟内的信息集成与过程集成，将新产品快速推向市场。

企业基于敏捷原则，能够以迭代的方式展开创新和转型，以期实现规模化发展。敏捷方法能使组织持续展开协作，管理模式变革，预判技术局限，打破技术瓶颈。对"灯塔工厂"而言，这意味着快速迭代、快速失败和持续学习。他们要在两周内冲刺创建最小可行性产品（Minimum Viable Product，MVP），并针对多轮快速转型捆绑用例（每轮快速转型都会持续几个月）。

2. 敏捷数字工作室

成立敏捷数字工作室能够为开发团队创建空间，让其能基于敏捷工作方式进行管理和运营。这种氛围能够广纳员工参与，并为企业内部所有层级的创新提供支持。让转译员、数据工程师、ERP系统工程师、工业物联网架构师和数据科学家共处一室是保持敏捷的必要条件，产品经理和敏捷导师的指导同样必不可少。这种搭配能够快速交付结果，并实现快速迭代。

例如，联合利华迪拜个人护理工厂（Unilever Dubai Personal CareSite，DPC）就通过改善成本和客户响应能力，明确了自身的竞争优势。该工厂致力于打造一个敏捷的数字工作室，以期在极短的时间内创造价值。这一举措在帮助DPC发掘增长潜力的同时，改善了成本和客户响应能力。与此同时，它还促进了工作流程的重组，使其重点关注赋能、可持续性，以及与业绩直接相关的价值创造。

企业管理层意识到，部署众多第三方解决方案将带来诸多挑战，企业成本也会承压。因此，他们很快组建了一个内部团队。其中，一名工艺工程师被任命为数字项目负责人，团队成员包括一组工程师和技术人员，他们会在继续履行原有职责的同时参与这些项目。团队开发和交付的众多应用程序能够左右工厂操作员的日常安排，因而在此过程中，整个团队都严格遵循下述原则：所有应用程序都基于共享的数据湖，使用开源平台设计，提供直观的用户界面，尽可能采用移动技术进行开发。

在这一过程中，DPC 还与一些初创企业建立了合作关系。作为 DPC 的后勤部队，这些初创企业会根据工厂的需求灵活调整解决方案。例如，该工厂的运维团队就与一家初创企业合作，打造了一个易于使用但功能强大的云端运维管理系统。这套软件的部署成本不高，且订购成本极低。究其根本，在 DPC 的数字化历程中发力的推动因素都无须大额资金投入，如对接合适的资源、直面日常挑战、部署和维护大量内部解决方案等。相反，真正的投入来源于员工，他们满怀激情，齐心协力，共同致力于创新解决方案的开发。

3. 技术生态系统

技术生态系统由一系列受技术支持的各种关系组成。也就是说，包括数据共享在内的新型协作均建立在数字化基础设施之上。领先组织正在增加合作伙伴的数量，为自身注入更多的能力。这些关系之所以独一无二，是因为企业能以交换海量数据并在技术平台上展开协作的方式来促进交换和消费。相较于将技术解决方案和数据作为竞争优势的传统观念，这种转变可谓可圈可点。

"灯塔工厂"深知网络效应的益处，其与供应商和各行各业的合作伙伴都展开了合作，形成包括数据共享在内的新型开放式协作关系，从而打造技术生态系统。

4. 工业物联网

发展和采用物联网技术是实施智能制造的重要一环。虽然制造业企业已经实施了几十年的传感器和计算机自动化，但是这些传感器、可编程逻辑控制器和层级结构控制器等与上层管理系统在很大程度上是分离的，而且是基于层级结构的组织方式，系统缺乏灵活性。由于是针对特定功能而设计的，各类工业控制软件之间的功能相对独立且设备采用不同的通信标准和协议，使得各个子系统之间形成了自动化孤岛。

而工业物联网采用更加开放的体系结构以支持更广范围的数据共享，并从系统整体的角度进行全局优化，支持制造全生命周期的感知、互联和智能化。在体系架构方面，工业物联网采用可伸缩的、面向服务的分布式体系结构，制造资源和相关功能模块经过虚拟化并抽象为服务，通过企业服务总线提供制造全生命周期的业务流程应用。工业物联网各子系统之间具有松耦合、模块化、互操作性和自主性等特征，能够动态感知物理环境信息，采取智能行动和反应来快速响应用户需求。

惠普的客户 Texmark Chemicals（以下简称"Texmark"）在美国德州加利纳帕克经营一家炼油厂，该厂是全世界最大的 DCPD（双环戊二烯）生产商之一。此外，它还是一家收费制造商，为签约客户生产专用化学品。

由于经常要用到受严格监管的危险品，因此安全是 Texmark 的第一要务。工业物联网对 Texmark 而言，就是实现员工安全、生产和资产管理系统的关键所在。这要求 Texmark 将传感装置与先进分析软件结合起来，实现环境自动化，降低人为错误带来的风险。

物联网可以通过很多的方式令 Texmark 的生产流从中获益。当然，专业制造需要的不只是一套"万能"的解决方案。物联网需要强大的联网性，以此通过各种物联网设备收集数据。但这种联网性能必须具备成本效益，而通过有线的方式将整个工厂接入网络的成本极高。另外，Texmark 工厂安装的所有技术都必须严控，并达到公司的安全运营标准；在 Texmark 周边运行的设备也绝不能成为火源。Texmark 面临的另一大挑战是解决数据的延迟问题，传输数据需要时间，而物联网的传输时间通常以秒计算。因此，Texmark 需要一套无须传输设备数据的物联网架构。

为了应对这些挑战，实现物联网架构带来的好处，Texmark 决定多期开发，部署一套端到端的物联网解决方案。

一期和二期项目通过实现"从边缘到核心"（Edge-to-Core）的联网，奠定了数字化基础。部署无线解决方案的成本大约是有线网络的 50%。为了进行边缘分析，Texmark 部署了一套工业化解决方案，在边缘提供企业级 IT 能力。另外，Texmark 对其工厂控制室也进行了升级，实现了"从边缘到核心"的无缝连接，也将它的运营技术与 IT 整合到了同一系统中。三期项目在这些技术方案构建的基础上继续发展，为 Texmark 的用例提供支持，这些用例包括：预测性分析、高级视频分析、安全和安保、员工及全生命周期资产管理。

据工厂经理 Linda Salinas 介绍，其物联网架构不仅可以梳理数据，还能揭示整个工厂的互联状况。就像一个有生命、会呼吸的工厂，它知道应该如何运营，碰到问题会自动标记，以便适时干预。

5. 可扩展的数据基础架构

打造"灯塔工厂",需要将现有的 IT 系统重新设计并更新,确保所选的工业物联网架构具有足够的适应性并能经得起未来的考验。虽然早期用例仍可应用于传统的 IT 基础设施上,但大多数老旧设施并不能满足高级用例对延迟性、数据流和安全能力的要求。例如,许多传统企业表示,他们本身就没有准备好迎接更为高级的用例,推迟 IT 与数据架构的现代化进程似乎也无妨。

而现已入选的"灯塔工厂"则采取了不同方法。他们深知速度的重要性,也明白打破耗时较长项目带来的技术隔阂,为员工提供几周之内就能完成创新的基础设施至关重要。因此,这些工厂在数字化转型的早期阶段(甚至在数字化转型之前)就部署了这种架构,以便在整个组织中实现指数级扩展。

Fast Radius 是一家美国增材制造公司,它将强大的数字化后台办公与数字规划相结合,打造可扩展的数据基础架构,在各职能部门之间实现信息透明,从而解决效率低下的问题。

该分析平台能够收集整个制造过程的数据信息,并利用多种机器学习算法来为价值链的所有环节提供特定反馈,这样就能寻找并解决不同职能部门的根源问题。该平台十分灵活,通过所有工厂传感器之间的开放通信协议和中央云数据存储实现运转。

这种数据反馈回路能够促进设计方案的改进,进而逐步减少质量问题和返工次数。此外,数字孪生技术的使用让远程生产成为现实,其覆盖面已经扩展到所有工厂。这有助于为特定的工厂分配特定的任务,同时优化物流和产能。自实施以来,Fast Radius 的库存下降了 36%,

产品上市时间缩短了 90%。

第四节 洞察"灯塔工厂"

一、宝洁拉科纳:成本领先型增长

宝洁拉科纳工厂是成就斐然的"灯塔工厂"。宝洁拉科纳代表着大型跨国公司在其工厂层面和集团层面均部署了泛工业的制造技术群和制造模式群。

宝洁拉科纳工厂距离布拉格约 60 千米,建成于 1875 年,拥有悠久的历史,于 1991 年被宝洁收购。每天,这里可以生产约 400 万瓶洗碗液、洗碗粉及织物增强剂。随着人们对洗涤产品的需求从干粉转向液体,2010—2013 年,宝洁的销售额大幅下滑。尽管面对着经济压力和各种不确定性,宝洁拉科纳工厂还是希望打造一个有弹性并且可持续的未来。

面对这一挑战,宝洁拉科纳工厂启动新项目,以期大幅压缩成本,吸引新业务。项目的实施令宝洁拉科纳工厂的成本不断降低,需求逐渐攀升,最终在 2014—2016 年决定扩张。而这种扩张的成功实施,就需要拥抱数字化和自动化,通过泛工业的赋能,预测和解决新兴需求。

1. 双因素推动

宝洁拉科纳工厂厂长 Aly Wahdan 曾表示:"我们急需开发有吸引力的解决方案的紧迫性。我们会在工厂内积极探讨这一愿景,将所有员工纳入这场创新之旅,通过最小化损失来提升竞争力。"基于此,宝洁拉科纳在利用外部数字环境及提高员工技能水平两个核心推动因素的支持下，成功开展了泛工业的创新。

在利用外部数字环境方面，宝洁拉科纳的领导层发现，内部团队缺乏促进第四次工业革命创新的必备技能，因此采取了对应措施。他们以多种方式从外部获取数字化和自动化知识，包括与布拉格的大学建立直接联系、与创业公司展开合作，并且通过学生交流项目让受过数字化教育的学生与自己的员工并肩工作。

对于提高员工技能水平来说，宝洁拉科纳开发了一个对所有员工开放的项目，旨在加深他们对数据分析、智能机器人和增材制造等新技术的理解，并拉近与这些技术的距离。通过这种方式，员工习得了一些专业技能，诸如"网络安全主管"这样的新职位也得以建立。这种"拉"的方式有别于自上而下实施的"推"的做法，是打造包容性创新文化的关键。其目标是让整个组织100%地参与数字化转型。

2. 五大用例

事实上，所有的"灯塔工厂"对用例的挑选各不相同，但他们都能从中获益。对宝洁拉科纳来说，五大用例分别是数字化方向设置、制程品控、通用包装系统、端到端供应链同步，以及建模和模拟。

数字化方向设置是一套数字化绩效管理系统，在技术和管理系统中都可产生影响。它既能解决数据收集流程艰难且耗时的问题，又能避免根据不精确的数据点来制定决策的情况。数字化方向设置工具会直接在生产车间的触摸屏上显示实时KPI，让用户得以在多个层面研究数据，以便理解绩效背后的推手，并找出造成偏差的根本原因。

此外，该系统还可以用于调度和追踪一线员工。这样一来，整套系统的执行就会更为严格，其流程可靠性和设备综合效率（OEE）也会得到提升。采用高频测试和迭代的敏捷开发方法后，整个工厂可以成功实施数字化转型。

制程品控可以解决此前人工取样过程中存在的问题，因为后者无法保证同一批次的每一个产品的质量都达标，后期如果发现偏差，整个批次都要报废和返工。此外，制程品控还解决了与实验室分析有关的产品发布推迟的问题。

当前，宝洁拉科纳的品控是基于对多种数据展开的实时分析。这些数据来源于多个传感器，可以监控 pH 值、颜色、黏度、活动程度等信息。如果发现偏差，对应的生产线就会停工，一线员工会查明批次质量，并撰写报告。这套系统由宝洁开发，是业内首款此类系统。在 IT/OT 整合的促进下，宝洁先在新生产线上对其进行了测试，接着再向整个系统推广。减少了重复性手工劳动后，员工也更为轻松。就结果来看，返工和投诉的比例减少了一半，报废率和质检不合格率也大幅降低。由于实现了零时产品发布，产出时间缩短了 24 小时。

针对通用包装系统，宝洁拉科纳开发了名为 UPack 的统一包装系统，使得即便生产线处于运行过程中，也能轻易实施任何的配方变化。过去，只有生产线彻底停工才能完成转换，这就意味着一线员工需要花费很多时间在手动设置机器和等待上。

这套统一包装系统完全整合了传感器、摄像头、扫描器和包装材料，可以检视和验证每个区域的现状。不同于纸质数据记录模式，UPack 采用的是自动化生产线检查技术，这样，包装生产线的每个区域就都能处于不同阶段（如启动、生产、空载或转换）。基于系统存储的配方数据和制程质检，UPack 还能自动配置机器。有了这一系统，一线员工的交接工作就可大大减少，交接时间缩短了 50%，最小订单量降低了 40%。

端到端供应链同步则包括每次活动结束后过量产品的报废、库存资本约束、上市速度缓慢，以及艰难而费时的手动供应链分析。基于不断变化的用户需求，宝洁对产品进行不断改良，最终才有了端到端供应链同步这个全球化工具。它被应用于工厂管理层面，每个部门都会使用，与中央规划团队进行协调。宝洁用这个基于互联网的工具进行分析建模和模拟，以便清晰地观察供应链的端到端情况。通过模拟不同情况下整个供应链的状况，识别问题所在，从而提升供应链敏捷性。该工具能够在每个节点显示供应链全信息，并深入分析和优化每个产品和生产线。它还能在宝洁不同的工厂和生产线之间起对标的作用。将这套工具应用于所有产品和生产线后，3 年间库存减少了 35%，库存效率同比提升约 7%。它还减少了退货和缺货数量，改善了新产品推出后的上市速度。

建模和模拟能够了解生产线调整可能带来的影响、减少生产设置的测试成本，从而在运营前就识别出新产品缺陷，避免高昂的纠错费用。这个用例涉及多种大规模使用的描述性和诊断性建模应用，以及部分预测性试点建模应用，上述建模应用都以达到规范性建模能力为目标。样本建模应用包括与新产品发布有关的制造产出（如向生产线推荐 SKU 分配、存储罐数量）、选择最佳传送带速度、确定理想包装尺寸、在真正执行之前模拟生产线的变化、提前预测失败及识别根源未果。直观的模型和工程师的操作性是重要的推动因素。这种方法能够在一开始就避免失败，从而改良产品设计、提炼问题陈述、优化测试方法。

在这样的创新下,3年内宝洁拉科纳做到了生产率提升了160%,客户满意度提升了116%,客户投诉减少了63%,工厂整体成本降低了20%,库存降低了43%,不合格产品减少了42%,转换时间缩短了36%。目前,宝洁拉科纳仍在向更宏伟的目标进发。

二、意大利Rold：小规模，大未来

意大利的Elettrotecnica Rold Srl(以下简称"Rold")代表了"灯塔工厂"的中小企业——在一个工厂中成功部署了不同的泛工业制造技术和制造模式。Rold是一家只有250名全职员工的中小企业,专门生产洗衣机门锁。其位于切罗马焦雷的工厂是非常小型的,但通过大规模应用数字化制造技术后,工厂生产率和产品质量得到了极大的提升。也就是说,即便投资规模有限,也可以借助现成的技术,通过与技术提供商和高等院校的合作来开展泛工业的创新。比如,Rold只聘用了3名程序员。

在进行数字化转型前,Rold因自身产能无法满足国际客户日益增长的需求而面临巨大压力。除此之外,工厂还存在其他问题,包括难以看清自身实际表现,以及通过非集中化的方式在纸上记录数据。一线员工需要花费大量时间手动制作报告,而且大部分的业务决策都是通过假设和经验进行的,严重影响运营效率。在这样的背景下,Rold开启了数字化转型。

Rold通过改变管理和沟通的方式来实现改进。借用一系列旨在转变组织思维和提高技能水平的项目,该企业在人力上展开投资,促使他们沿着技术踏上数字化之旅。当前,在这个过程中,Rold必须在员

工中培养一种包容而非排斥的意识，让他们认识到在生产车间使用数字化技术可以产生巨大的机会。

Rold 鼓励供应商、客户、最高管理层和一线经理参加行业相关活动，还向设计师、工程师、员工和外部研究人员等许多群体进行了一些指导及互动，重点关注创造力、变革管理、沟通和创新等方面的问题。同时，Rold 还与行业和创新伙伴建立了关系，与国际高校和协会代表进行联系。例如，与中学和大学院校合作设立技术实习模式，与国际和国内大学开展合作，让员工参加国际培训和相关会议。

在组织和治理方面，Rold 致力于让各类人员掌握必备技能以推动创新，包括让软件开发者和电气工程师学会建模、开发和实施物联网应用，并让工业工程师掌握数字化集成技能。这些措施与董事会批准的数字化转型项目相辅相成，还能让组织内部各级别员工都能接受全面的泛工业的到来。

在制造技术的应用方面，其一，Rold 对机器报警进行整合，明确优先顺序，并用数据分析来解决问题，从而提升整体设备有效性（OEE）。因为一线员工能够查看机器的具体故障信息，还能在智能手表和互动显示屏上自定义警报。

其二，使用数字仪表盘监控 OEE 有助于实时监控分布于不同工厂的生产资源。这让一线员工能够找到停工故障的原因。

其三，Rold 基于传感器的制造业 KPI 报告能让任意类型的生产机器实现数字化，它还能实时收集生产数据，用于构建动态的互动式仪表盘。

其四，Rold 的成本建模用于决定"独立制造还是对外采购"，这种方式可将生产车间物联网设备收集的粒度数据与商业智能工具结合起来，借此增加 Rold 成本模型的精度。

最后，Rold 还通过 3D 增材制造快速设计原型缩短了新产品推出后的上市时间，贡献了几项创新。这加强了与高校之间的关系，并获得了用于研究项目的经费，Rold 在这一领域取得的进展使之荣获"2018 伊莱克斯创新工厂奖"。

一系列的制造技术及制造模式的创新，帮助 Rold 实现了财务和运营的发展。2016—2017 年，Rold 的总营收增长了 7%～8%，其背后推手正是高达 11% 的 OEE 增长。

三、中国海尔：工业交互平台

海尔集团创立于 1984 年，三十多年来持续稳定发展，已成为在海内外享有美誉的大型国际化企业集团。其产品从 1984 年的单一冰箱发展到拥有白色家电、黑色家电、米色家电在内的 96 大门类、15100 多个规格的产品群。

作为世界第四大白色家电制造商、中国最具价值的品牌之一，海尔在全球 30 多个国家和地区建立了本土化的设计中心、制造基地和贸易公司，全球员工总数超过 5 万人，已发展成为大规模的跨国企业集团。

2021 年度，海尔集团实现全球营业额 3327 亿元。海尔凭借在全球家电市场领先的市占率，成功跻身世界级品牌行列，其影响力正随着全球市场的扩张而快速上升。

1. 以用户需求为驱动

在泛工业革命浪潮下，海尔借助数字化技术将用户体验与日常运营紧密连接，于 2016 年搭建了具有自主产权、引入用户全流程参与体验的工业互联网平台 COSMOPlat。COSMOPlat 以用户需求为驱动，通过用户参与从需求交互、产品设计、产品生产和服务的全流程，实现了"产销合一"的大规模定制模式。

首先，COSMOPlat 聚集了大量用户的有效需求，吸引了设计师、模块商、设备商、物流商等资源，形成强大的用户和资源优势。如开放创新子平台可实现用户和专家社群、研究机构、技术公司等创新交互，提供一流创新解决方案；智能制造子平台可实现用户和设备商、制造商等订单交互，实现过程透明可视。

其次，海尔作为进行了 30 多年的制造业实践的跨国公司，覆盖交互定制、开放研发、数字营销、模块采购、智能生产、智慧物流、智慧服务七大业务环节。因此，COSMOPlat 将用户需求小数据与智造大数据沉淀为可复制的机理模型、微服务和工业 App，提高企业升级效率。

最后，COSMOPlat 平台的服务能力能够打造由用户驱动的智造能力，平台具备标准化、模块化、自动化、信息化及智能化整套升级能力，使人、机、料互联互通，实现用户定单驱动的单批量为 1 的生产。同时，其平台服务具有产业链整合能力，通过联合企业上下游的设计、智造、服务等资源，形成从定制产品到定制服务的生态能力，如实现了从房车定制到智慧出行定制的升级。

总体来说，COSMOPlat 使消费者能够设计和订购一款量身定制的产品。客户绩效监控器实时监控数据来分析产品绩效，并向制造商上报所有恶化信号。如果有客户就产品问题联系海尔，数据引擎会从客户的产品序列号中检索性能数据，以此来确定导致该问题的根本原因并采取行动，从而有助于追踪责任。如果是车间工人的失误导致故障，车间奖金系统则会将其加入个人记录；如果是零件故障，则会检查组件性能以确定合适的解决方案，防止后续问题的发生。COSMOPlat成效显著：产品质量提高了21%，劳动生产率提高了63%，交付周期缩短了33%，员工对客户绩效的监控能力提升了50%。

基于开放的多边共创共享生态理念，海尔聚集了390多万家供应商，连接了2600多万台智能终端，为4.2万家企业提供了数据和增值服务。COSMOPlat解决方案已成功复制到电子、装备、汽车等行业，并主导制定了大规模定制国际标准，协助各大企业转型升级。

在增值需求和分享机制的驱动下，COSMOPlat自强化、自扩展的生态持续成长，形成了生态引力，持续吸引各方资源。为推广成熟的技术和模式，目前COSMOPlat大规模定制模式已复制到20个国家和11个地区的海尔工厂中。

2. COSMOPlat的大规模定制

COSMOPlat大规模定制解决方案，覆盖全流程七大环节。

用户交互解决方案：从有限选购到无限共创，让用户成为设计师。基于用户多元交互社群，将用户碎片化、个性化需求归集整合，并不断交互迭代方案，让用户评选出符合需求的方案，并通过虚实融合技术验证可行性，从起点确保企业制造的"高精度"。

迭代研发解决方案：从封闭式到开放式，让世界成为平台研发部。

以遍布全球的研发中心为触点，连接全球一流创新资源，通过需求的定义及发布、搜寻与匹配模块、项目对接模块、协商支持模块等服务，为企业转型提供创新资源支持。

精准营销解决方案：从为产品找顾客到为用户找产品，促进精准对接。基于 SCRM 会员管理及用户社群资源，实现需求数据化、业务数据化、数据并联化，将数据进行建模分析，形成用户画像和标签管理，实现千人千面的精准营销，为企业提供从用户产品需求预测到用户场景预测的服务。

模块采购解决方案：从零件采购到模块采购，让供应商参与前端设计。零件商变为模块商，由按图纸提供零件转向为交互用户提供模块化方案；企业由封闭的零件采购转型为开放的模块商并联交互体验的平台，由内部评价转变为用户评价；双方的关系由博弈转变为共赢，由买卖关系转变为利益攸关方，助力企业实现供应商按需设计、模块供货。

智能制造解决方案：从大规模制造到大规模定制，让用户参与制造过程。通过 COSMOPlat-IM 模块，用户订单直达工厂，通过手机端、PC 端可进行制造全过程在线办公、质量过程的数据透明、可追溯，让用户深度参与制造过程，提高制造环节的精度、品质、效率。

智慧物流解决方案：从工厂到用户家中，实现真单直发、按需送装。提供智能多级云仓方案、干线集配方案、区域可视化配送方案和最后 1 千米送装方案等，实现物流从订单下达到订单闭环的全程可视化，以用户评价驱动全流程自优化。

智慧服务解决方案：从维修服务到智慧服务，让服务成为价值创造点。一是产品变智能网器后,可持续为用户提供生态增值服务,如冰箱可提供食品农残检测、推送健康食谱等增值服务;二是在云数据的支持下,实现自诊断、自反馈、自报修的设备远程维保服务,并支持企业通过用户使用数据,驱动产品持续迭代。

基于此,COSMOPlat 在全球落地了 11 个互联工厂,实现了 71% 的不入库率。通过对外输出社会化能力,赋能衣、食、住、行、养等 15 类行业生态,为全球用户带来美好生活体验。COSMOPlat 牵头制定大规模定制模式国际标准,是中国企业首次主导制造模式的国际标准。COSMOPlat 赋能的互联工厂被世界经济论坛遴选为全球首批"灯塔工厂",中国仅此 1 家,为全球制造业转型升级树立了新的标杆。

四、"犀牛智造":数字化新制造模式

2020 年 9 月 16 日,阿里巴巴打造的全球首个新制造平台——"犀牛智造"正式亮相。这是一个保密运行了 3 年的数字化智能制造平台,面向中小企业,率先在服装行业进行探索,并已与 200 多家淘宝中小商家试点合作。2020 年世界经济论坛宣布"全球灯塔网络"新增的 10 家"灯塔工厂"成员名单,阿里巴巴新制造平台"犀牛智造"位列其中。

1. 五大核心

第一,需求大脑。传统的制造业合作流程,一般是品牌商通过自身的经验和对市场的预判,决策产品的各项指标。以服装行业为例,需要预判服装的款式、材料、流行色、产量等,在对各项指标进行决策后,品牌商把新产品的设计、要求与工厂对接,工厂据此进行生产。生产完毕后,再将产品交付给品牌商销售。

这就是传统的"以产定销"的模式，根据预定的产量去制定销售计划。在这种模式下，品牌商的风险与不确定性比较大，一旦产生预测失误，则会出现两种情况：一种是高估市场，使产品销售受阻，产生大量库存，成本高筑，现金流吃紧；另一种是低估市场，产品很快销售完毕，但是供应链产能跟不上，传统工厂无法及时响应订单需求，造成缺货空档期，对品牌产生损害，但这种情况还是要比高估市场的情况好。

而"犀牛智造"依托阿里巴巴海量的购物大数据，进行大数据分析预测，进而为合作商家提供产品的销售趋势，以数据预测来代替品牌商的主观预测，提高预测的准确度。品牌商通过对经营类目的预测，把需求订单发至"犀牛智造"，这就完成了从"以产定销"到"以需定销"的模式转变，能够极大限度地减少品牌商的库存压力、现金流压力。

第二，数字工艺地图。传统的服装制造沟通模式，一般是品牌商的设计师做出设计图纸之后，由工厂进行打样，在此基础上进行打磨，最终确定样品形式，接下来进行小规模试产，考察产品的流水线作业能力，最终确认成品率之后，才开始大规模生产。

"犀牛智造"官方宣传采用 3D 仿真设计，通过数字化模拟技术，最大限度完成设计对接工作，降低线下人工的沟通成本。事实上，这种 3D 仿真在装备制造业已经非常普遍，ANSYS、Pro-E 等软件都具备运动仿真、性能仿真等多种功能。但是其对于装配公差、动力学等要求比较高，试验成本较大、试验周期长才会需要仿真来验证。而在服装行业，仿真软件成本是否可以小于试制成本，并且表达出真实的效果，仍值得商榷。

第三，智能调度中枢。智能调度中枢的优化主要体现在流水线生产端，传统的服装工厂流水线的设置是"直线型"，其衣服的吊挂是单向流转的，因为工厂工人的工作效率的差异化，很容易造成流水线拥堵问题。例如，上一个环节给衣服印花，速度很快，但到了下一个缝扣子的环节，速度变慢，就造成大量衣服堆积在缝扣子环节，产生"堵车"现象。并且，即使在缝扣子环节，每个工人的速度也不同。

"犀牛智造"官方宣传采用全域计划统筹，智能优化匹配产能。其落地方案是抛弃以往的"直线型"单向流水线作业模式，采用"蜘蛛网"式吊挂设备，通过后台的人工智能技术和物联网技术，将产能自动分配到产能空余的工位，这样能够大大提高生产效率，从工人薪酬分配上来讲，也更能体现"多劳多得"，提高工人单效。

第四，区域中央仓供给网络。传统的工厂在与品牌商沟通之后，由工厂或者品牌商去寻找相匹配的原材料供应商。然而，这种传统模式自有其弊端，一是寻找供应商的时间成本和渠道成本，行业鱼龙混杂。在偌大的原材料市场里，找到性价比高的供应商，其难度较大。二是传统工厂一般有长期固定合作的原材料供应商，品牌商很难撼动这种固定关系，最终选择向工厂妥协，在产品呈现度和成本把控上会有所牺牲。三是传统工厂的原材料品类与质量有限，无法完全满足品牌商的原材料需求。四是行业采购潜规则盛行，以滥充好、中途换料等现象普遍。品牌商在流程环节上无法严格把控，由此产生的隐性成本较高。

区域中央仓供给网络相当于给原材料预定、销售端起到了信用背书的作用，在一定程度上搭建了原材料采购的交流平台。显然，构建面向B端的原材料沟通、销售平台非常必要，会减少许多中间商的差价。同时，可以通过数据分析提供一部分采购、备料参考，这将有利于解决原材料供给端的问题。

第五，柔性智能工厂。传统的工厂为了提高利润率和规模化效益，一般会主力攻克大品牌商客户，大订单意味着产能稳定、道德风险小，因此中小品牌商订单小、道德风险高，一旦出现现金流危机，传统工厂很难收回剩余尾款。

而根据"犀牛智造"的官方宣传，可以实现 100 件起订，最快 7 天交付成品，这对于中小品牌商的生产痛点无疑是个利好。传统的制造工厂一般为 5000 件、上万件起订，不同的起订额度对应着不同的产品单价，中小品牌商一般出于风险考虑和对市场的不确定性，不敢大批量订购。"犀牛智造"把合作门槛大大降低，有利于中小品牌商在初期稳步发展。"犀牛智造"首批合作的品牌商就是淘宝的 200 个中小商家，并且未来还会逐步拓展。

2. 适配服装产业

2020 年 9 月 17 日，世界经济论坛首次全球灯塔网络年会上，阿里巴巴集团董事会主席兼首席执行官张勇表达了他对新制造的观点：与阿里巴巴的价值起点一脉相承，"我们做新制造的起点是客户需求"。

"灯塔工厂"被视为第四次工业革命的领导者，由世界经济论坛及麦肯锡从全球上千家企业中考察遴选出来。"灯塔工厂"作为世界经济论坛期待领军企业为全球制造业设定新基准，共同照亮全球制造业的未来。宝马、施耐德、沙特阿美、西门子、宝洁等全球领先的制造业企业相继获纳入。阿里巴巴的上榜，也是全球"灯塔工厂"的第三次扩容，并创造了两个"世界第一"：第一个来自互联网行业的科技公司；第一次令服装行业跻身榜单，与能源、电气、半导体存储器、汽车等高技术附加值的行业并肩。

显然，服装产业是典型的感性消费产业，并且具有季节性，在服装产业的竞争中，快速反应是关键。由于互联网的发展、信息交互的快捷，服装的流行节奏也随之加快。小单快返成为所有服装制造工厂孜孜以求的目标，"犀牛智造"工厂快速翻单的能力正对应了服装产业的这一特点。在服装生产过程中，技术资料或者信息的准备对于工厂的反应能力具有举足轻重的作用。

此外，生产过程的裁剪、部件生产、车缝、后整等工段表现出来的是柔性，其本质是如何匹配订单需求跟产能之间的关系。"犀牛智造"工厂使用了具有桥接的吊挂系统（所谓的棋盘式运输线），具有灵活的物料路由能力。

世界经济论坛评价阿里巴巴这一新制造平台将强大的数字技术与消费者洞察结合起来，打造了全新的数字化新制造模式。它支持基于消费者需求的端到端按需生产，并通过缩短75%的交货时间、降低30%的库存，甚至减少50%的用水量，助力小企业在快速发展的时尚产业和服装市场获得竞争力。

破局新制造，"犀牛智造"从服装行业做起。这个曾孕育出拉开第一次工业革命大幕的珍妮纺纱机的行业，却在应用第四次工业革命技术中掉队了。"犀牛智造"平台依托阿里巴巴的云计算、IoT、人工智能等技术，跑通了小单起订、快速反应的柔性制造模式。更重要的是，这些系统化能力并非为己所用，而是开放给平台上的中小企业和制造工厂。这与世界经济论坛倡导"灯塔工厂"的初衷不谋而合。

对此，麦肯锡资深专家、清华麦肯锡数字化能力中心负责人侯文皓认为，"犀牛智造"不仅是一个"灯塔工厂"，更利用云端智造重构了一个完整的生态体系，前端连接用户和中小商家，后端连接原材料、物联网和物流供应商，真正打造了一个"灯塔网络"和"灯塔生态"。

第五节 以人为中心的未来生产

泛工业革命的过程，无论是智能化、敏捷化，还是信息化、柔性化，都不是简单的"技术换人"，而是将工业革命以来极度细化甚至异化的工人流水线工作重新拉回"以人为本"的组织模式，让新兴技术承担更多的简单重复甚至危险的工作。人在这一过程中侧重于承担管理和创造工作，因此泛工业生产的未来必然是以人为中心的。实现以人为中心的生产，是泛工业时代对人类社会提出的新的挑战。

一、提高创新能力

在互联网经济时代，数据是新的生产要素，是基础性资源和战略性资源，也是重要的生产力。显然，在数字化时代，数据生产力的三要素即劳动者、劳动资料和劳动对象还将面临巨大改变。

其中，劳动者作为生产力中最活跃的组成部分，在人类社会的不同发展阶段，其自身生产活动的特征、劳动者的结构及人与自然的关系等方面都发生了根本的变化。在农业社会，人类通过繁重的体力劳动对土地资源进行有限开发以解决温饱和生存问题。进入工业社会，机器的出现则把劳动者从繁重的体力劳动中解放出来。

泛工业革命带来了智能工具的大规模普及，使人类改造和认识世界的能力和水平站到了一个新的历史高度。不仅大量繁重的体力劳动被机器替代，数据生产力更是替代了大量重复性的脑力工作。于是，人类可以用更少的劳动时间创造更多的物质财富。这也意味着，在数据生产力时代，有创新精神并创造出新产品、新服务或新商业模式的人才将成为市场的主要支配力量。

当机器文明的发展成为现代社会的大势所趋，而人类文明的协同发展则要求我们着眼于人类对劳动分工的贡献——对机器的理性进行补充，而非试图与它竞争。这需要劳动者培养创新精神，培养挑战权威的意识，甚至是非理性的想法，并不是因为非理性是福佑，而是因为非理性的创造力才是对机器理性的补充。只有这样做才会让我们与机器产生差异，而正是这种差异化会创造价值。

"灯塔工厂"的企业文化往往都注重一线员工的参与，鼓励员工思考如何进行创新，从而促使技术的成功落地和持续采用。

宝洁捷克工厂通过定期召开会议来探讨问题的解决方案，这有助于识别问题的来源，并制定避免损失发生的数字化解决方案。如果损失的源头处于帕累托曲线顶端，则该损失会得到优先处理，企业也会投入相关的数字资源。之后，数据科学家会与操作员合作找出问题，设计解决方案，并使用敏捷工作方式快速构建最小可行性产品，与操作人员一起评估初步输出的结果。过程中对最小可行性产品持续进行测试，直到确认损失来源已经消除。

福特汽车的奥特桑研究中心打造了一支人才发展敏捷团队，结合人力资源、生产过程和职业技能培训，帮助员工培养创新和数据利用等第四次工业革命的相关技能。团队成员从过去只负责衡量业务转为分析自动生成的数据，即完成行政任务、获取指标并提交新想法。其中，员工积极参与新技术的评估和选择，与工程师和专家的合作，以及对新技术进行开发的全过程。

二、培养复合型人才

泛工业时代是工业与新兴技术相结合的新时代，行业跨领域，技术多类别。随着物联网、数据采集、云计算等技术的成熟，计算资源成本持续降低，很多十年前难以复制与推广的问题得到解决，大量新技术开始支撑泛工业时代的发展。在这样的背景下，培养与其相匹配的泛工业管理人才成为必然。

德勤在《全球制造业竞争力指数》中提出六大制造业竞争力驱动因素，其中人才是公认的重要因素之一。互联网时代所连接的主题是人，而物联网时代要连接的是所有的物，这也将引发更大的技术浪潮，带来更多的机会。随着泛工业的推行，制造业从业者将从寻找只擅长单一门类的专业性人才，转变为能将多个学科和专业融合在一起的复合型管理人才。

2019年的一项调查显示，55%的"灯塔工厂"在与大学或其他教育机构合作，以便获取知识和人才。此外，有71%的"灯塔工厂"在打造内部学院和能力中心来进行能力建设。此外，企业的技能培养项目除在职培训外，还会利用轮岗、临时任务、交流和实习等手段帮助员工习得技能。

例如，宝洁公司就采用技术手段，在实习和轮岗项目中帮助企业吸引新人才，尤其是国际人才。采矿服务供应商Petrosea采用了高效动态的内容交付模式，在其在职培训中纳入增强现实、虚拟现实和数字化学习中心等新方法，通过游戏化技能培训的方式提升员工数字化学习的效率。

高技能的人才甚至可以对一个国家的整体竞争力产生很大的影响。美国非常注重政府、企业及院校之间的合作。第二次工业革命的策源地辛辛那提是美国制造业的摇篮，GE 航空、宝洁总部等都坐落于此。辛辛那提大学更被称为工业大数据分析技术的"西点军校"，自 2000 年起致力于工业大数据分析和预测性维护技术在产业的落地，同时在 NSF（美国国家科学基金会）的发起下成立了 IMS（智能维护系统）中心。

IMS 中心注重人才复合技能的培养，也关注行业多场景应用的融合和理论的创新。IMS 中心把工业大数据融入机械工程学科，并将课程分为 DT（数据技术）、AT（分析技术）、PT（平台技术）、OT（运营技术）4 条主线。IMS 中心认为只有跨领域技术相互融合后才能融会贯通，行业之间相互借鉴才可能产生更加通用化的技术。

德国提出"没有职业教育 4.0，就没有德国的工业 4.0"。传统的学徒制教育传承至今虽然有一些改变，但宗旨仍然是理论与技能相结合，即企业与学校合作办学，根据企业的需求量身打造未来工人所需的技能。

德国将数字化技术贯穿教育体系始终，因为制造业正在发生的改变对于人才技能的要求是——由传统行业服务者和机器操作者转变为整个生产过程中可以实现人机对话的多方位行业技术人才。

在中国，2016 年"新工科"在成都吹响多学科人才培养的号角，之后的"复旦共识""天大行动""北京指南"三部曲夯实了新工科建设基础。与老工科相比,"新工科"更强调学科的实用性、交叉性与综合性,尤其注重通信、电子控制、软件设计等新技术与传统工业技术的紧密结合。

此外,近两年举办的中国工业大数据创新竞赛、全国智能制造创业大赛等竞赛通过竞教结合让理论和实践相结合,成为一种行之有效的人才培养方式。同济大学规定,中国大学生机械工程创新创意大赛的比赛成绩可直接纳入研究生的成绩。

高等工程教育从"技术范式"转换为"科学范式",又转换成为注重实践的"工程范式",并时刻瞄准未来的新范式。相对于传统的工科人才,未来新兴产业和新经济需要的是工程实践能力强、创新能力强、具备国际竞争力的高素质复合型"新工科"人才。

三、调整组织架构

工欲善其事,必先利其器。优质的组织架构是支撑商业社会各个企业的利器。从整体角度出发,有效的组织架构能凝聚个体力量,驱动其朝同一目标前进,实现"1+1>2"的效果。从个体角度出发,架构是否合理也关系到日常工作的方方面面。

伴随着新兴技术对工业及社会的影响逐步扩大和深化,工业的生产模式和管理工作也开始发生深刻变化,变得更为专业化和系统化。在这样的背景下,社会进入全面大变革的关键时期,当前的各企业组织架构也面临冲击。

例如,2020年,可口可乐陆续宣布了组织架构调整,飞猪进行了一轮组织架构调整，快手发布内部信宣布组织架构调整，腾讯、阿里巴巴、京东等互联网巨头也纷纷进行了组织架构重大调整。小米则在上市不到八个月的时间里进行了五次组织架构的调整。

对企业而言，组织架构至关重要。组织架构的调整既是连接下一发展阶段的重要一环，也预示了企业未来仍要解决的核心问题，深刻关乎企业成败。

1. 工业组织架构面临革新

每个系统都有一个架构，架构由架构元素及相互之间的关系构成，系统是为了满足利益相关者的需求而构建的。并且，利益相关者往往都有自己的关注点。

从管理的角度来看，管理的核心是把资源整合好，发挥资源价值，做好增值服务。这个过程要处理人与人之间的关系，从而实现资源价值最大化。这种关系正是通过架构及流程呈现出来的，组织体系建设包括机制、流程、结构等体系的建设，是整个企业发展的基础建设。

也就是说，组织架构可以为实现组织目标、进行分工协作打下基础。在职务范围、责任、权利方面所形成的结构体系，是围绕提高效率而设计的管理形式。

建立一个架构系统前，首要任务就是尽最大可能找出所有的利益相关者。在新工业时代里，随着智能化、柔性化、敏捷化制造兴起，业务方、产品经理、客户/用户、开发经理、工程师、项目经理、测试人员、运维人员、产品运营人员等都有可能是利益相关者。

在这个过程中，要深入理解不同利益相关者的关注点，并给出架构的解决方案。同时，利益相关者的关注点有可能是冲突的，如管理层（可管理性）与技术方（性能），业务方（多快好省）与技术方（可靠稳定）。这个时候，就需要一个灵活的架构，因为它能够平衡和满足不同利益相关者的需求。

明确利益相关者后，就可以正式建立组织架构。在工业领域，组织架构经历了长期的演变。其中，业务架构是生产力，应用架构是生产关系，技术架构是生产工具。业务架构决定应用架构，应用架构需要适配业务架构，并随着业务架构的不断进化，同时应用架构依托技术架构最终落地。

单体架构类似原始氏族时代，氏族内部有简单分工，氏族之间没有联系。分布式架构类似于封建社会，每个家庭自给自足，家庭之间有少量的交换关系。面向服务的架构（SOA）类似于工业时代，企业提供各种成品服务，"我为人人、人人为我"，相互依赖。

企业的初始业务往往比较简单，如进销存，此时面向内部用户，可建立简单的信息管理系统（MIS），支持数据增删改查即可，单体应用可以满足要求。而随着业务的深入，进销存的每块业务都变得复杂，应新增客户关系管理，以支持营销，增加业务的深度和广度，这时需要对系统按照业务拆分，变成一个分布式系统。

当前，在第四次工业革命背景下，以物联网、云计算、人工智能等为代表的技术，正推动着制造系统嵌入企业的治理结构和组织架构。在新的生产方式下，员工不仅要执行指令，还要现场决策，现场工人成为能够参与产品设计和调整生产过程的知识型员工。

与新的生产方式相匹配的企业治理结构要能够激发知识型员工

的积极性。在这种情况下，更能体现员工利益诉求和决策参与。此时，适应数字化工业的共同治理结构和组织架构将变得更加重要。因此，革新组织架构就成为各企业不可回避的问题。

2. 调整组织架构的先声

在第四次工业革命中，制造技术和制造系统的"嵌入性"意味着，在通过加大制造技术的研发、促进现代制造技术和制造系统的突破和应用的同时，更要注重与现代制造技术和制造系统具有战略性互补关系的配套技术、现代生产管理方法、知识型员工培养、企业组织架构和运行机制的完善。

只有在发展现代制造技术的同时，加强互补性能力的培育和提升，才能将现代制造技术转化为现实的产品、企业和产业竞争力。对美国柔性制造系统的一项调研发现，20世纪90年代初期其采用的柔性制造系统中高达20%的设备并没有投入实际使用，而制约这些设备使用效果的主要原因就是企业组织架构和员工能力没有与新的设备相匹配。

可以预见，第四次工业革命必然伴随着产品创新、管理、商业模式等方面的变革。"灯塔工厂"作为世界经济论坛期的领军企业，为全球制造业设定了新基准。在全部的"灯塔工厂"里，就有71%的企业正以一种或多种方式调整组织架构，大力推动第四次工业革命转型。

"灯塔工厂"通过在传统职位中增加不同以往的数据型任务，同时也在工厂层面或集团层面设立新职位，以满足数据、编程和数字化方面日益增加的需求。同时，"灯塔工厂"还改变了IT与运营各自为政的旧有组织架构模型，建立专注于数字化部署的跨职能团队，形成了数据科学家和数据工程师与一线员工密切配合的模式。

例如，位于印尼巴淡岛的施耐德电气设立了一个数字化转型部门，旨在简化项目经理的轮岗流程。项目经理通常可以在岗一年，但时间灵活可调。该职位的设置就是为了关注路线图中选定的数字化转型项目。此外，与相关领域的中小企业、生产线领导、管理者等共同开发解决方案也是其重点关注的范畴。

博世在企业层面开展的项目侧重于促进数字化转型，方法（敏捷工作方式、转型领导力等）和技术（数据分析等）两者兼顾。

发生于工厂的制造革命是企业总体战略变迁的一部分。全球领先的制造业企业在加大先进制造技术投资的同时从来没有忽视对互补性资产和能力的投资。GE 集团总裁在论及美国重拾制造业优势的策略时，强调除了发展先进制造技术和材料工艺，还要加大人力资本创新，包括通过资本与工会的谈判形成更加灵活的用工制度，培养具备高技能和现代知识的员工。

组织架构的革新是第四次工业革命的必然产物，也是未来工业管理工作实施的具体体现。随着工业化进程的全面深化，工业组织架构的演化也在加速推进，其分工较以往更加精细化且明确化，设计项目的流程较以往也要求有更好的标准化操作体系，革新组织架构成为各企业不可回避的问题。毕竟组织架构规划的本质就是未雨绸缪。

第六章
超越"工业 4.0"

第一节　技术变革引发就业变革

作为新一轮产业变革的核心驱动力，人工智能将深刻改变人类的生产生活方式，推动社会生产力的整体跃升。同时，人工智能的广泛应用对就业市场带来的影响也引发了社会的高度关注和担忧。

当前，人工智能在全球范围内的加速发展引发各国高度关注，无论是简单的机械动作还是复杂的感知任务，人工智能所展现出的实力都可圈可点。并且，随着机器学习、大数据及计算能力的发展，人工智能系统在处理任务时的效率及精准度也将得到提升。

由此引发的担忧不无道理——人工智能的突破意味着各种工作岗位岌岌可危，技术性失业的威胁迫在眉睫。

一、"机器换人"进行时

当前，人工智能已成为未来科技革命和产业变革的新引擎，并带动和促进着传统产业的转型升级。人工智能应用范围甚广，从工业农业到金融教育，从数字政府到智慧交通，再到司法医疗和零售服务，人工智能对于就业的影响已经表现得越来越明显。

而从技术的角度来看，受益于计算机能力的发展，数据的可用性日益增加，机器学习和其他算法的开发和改进，人工智能等关键技术的未来进展几乎是绝对的。"机器换人"不仅是"进行时"，更是"将来时"。但是，这也直接冲击着劳动力市场，带来了新一波的就业焦虑。

事实上，自第一次工业革命以来，从机械织布机到内燃机，再到第一台计算机,新技术的出现总是引起人们对于被机器取代的恐慌。在 1820 年至 1913 年的两次工业革命期间,雇用于农业部门的美国劳动力份额从 70%下降到 27.5%。

许多发展中国家也经历着类似的变化,甚至更快的结构转型。根据国际劳工组织的数据,中国的农业就业比例从 1970 年的 80.8%下降到 2015 年的 28.3%。

面对第四次工业革命中人工智能技术的兴起,美国有关研究机构于 2016 年 12 月发布报告,称未来的 10~20 年,因人工智能技术而被替代的就业岗位数量将由目前的 9%上升到 47%。

麦肯锡全球研究院的报告则显示,预计到 2055 年,自动化和人工智能将取代全球 49%的有薪工作,其中预计印度和中国受影响可能会最大。麦肯锡全球研究院预测中国具备自动化潜力的工作内容达到 51%,这将对相当于 3.94 亿全职人力工时产生冲击。

从人工智能代替就业的具体内容来看,不仅绝大部分的标准化、程序化劳动可以通过机器人完成,在人工智能技术领域甚至连非标准化劳动都将受到冲击。

正如马克思所指出的,"劳动资料作为机器出现,就立刻成了工人本身的竞争者"。牛津大学教授卡尔·贝内迪克特·弗雷和麦克尔 A.奥斯本就曾在两人合写的文章中预测,未来二十年,约 47%的美国就业人员对自动化技术的"抵抗力"偏弱。

也就是说,白领岗位同样会受到与蓝领岗位相似的冲击。在会计、金融、教育、医疗等各行业,大量岗位将会随着人工智能技术的发展改变其工作模式,由人类负责对技能性、创造性、灵活性要求比较高的部分,机器人则利用其在速度、准确性、持续性等方面的优势来负责重复性的工作。

显然,尽管白领岗位受到冲击并不等同于完全被代替,但人工智能的加入势必减少更多的就业机会,以至于劳动力市场对自动化技术的"抵抗力"偏弱。

与此同时,面对人工智能的勃兴,在高端研发等少数前沿创新领域,仍然延续对高技能劳动力的就业选择偏好。这就导致在高技能与中低技能劳动力就业中出现明显极化趋势:对高技能劳动力的就业需求显著提升,由此加剧了通用生产领域中低技能劳动力的去技能化趋势。

根据 MIT 的研究,研究人员利用美国 1990—2007 年劳动力的市场数据分析了机器人或者自动化设备的使用对就业和工作的影响。结果发现,在美国劳动力市场上,使用机器人所占全部劳动力的比例,每提高 1% 就会导致就业的岗位减少 1.8%~3.4%。不仅如此,还让工人的工资平均下降了 2.5%~5%。技术性失业的威胁迫在眉睫。

二、"机器换人"创造未来就业

当然,对于自动化的恐慌在人类历史上也并非第一次。自从现代经济增长开始,人们就周期性地遭受被机器取代的强烈恐慌。几百年来,这种担忧最后总被证明是虚惊一场——尽管多年来技术进步源源不断,但总会产生新的人类工作需求,足以避免出现大量永久失业的人群。

例如,过去会有专门的法律工作者从事法律文件的检索工作。但自从引进能够分析检索海量法律文件的软件之后,时间成本大幅下降而需求量大增,因此法律工作者的就业情况不降反升(2000—2013 年,该职位的就业人数每年增加 1.1%)。

再如,ATM 机的出现曾造成银行职员的大量下岗——1988 年至 2004 年,美国每家银行的分支机构的职员数量平均从 20 人降至 13 人。但运营每家分支机构的成本降低,这反而让银行有足够的资金去开设更多的分支机构以满足顾客需求。因此,美国城市里的银行分支机构数量在 1988—2004 年上升了 43%,银行职员的总体数量也随之增加。

过去的历史表明,技术创新提高了工人的生产力,创造了新的产品和市场,进一步在经济中创造了新的就业机会。那么,对于人工智能而言,历史的规律可能还会重演。从长远发展来看,人工智能正通过降低成本、带动产业规模扩张和结构升级来创造更多的就业。

德勤公司曾通过分析英国 1871 年以来技术进步与就业的关系,发现技术进步是"创造就业的机器"。因为技术进步通过降低生产成本和价格,增加了消费者对商品的需求,从而扩张社会总需求,带动产业规模扩张和结构升级,创造更多的就业岗位。

从人工智能开辟的新就业空间来看,人工智能改变经济的第一个模式就是通过新的技术创造新的产品、实现新的功能、带动市场新的消费需求,从而直接创造一批新兴产业,并带动智能产业的线性增长。

中国电子学会研究认为,每生产一台机器人至少可以带动四类劳动岗位,如机器人的研发、生产、配套服务以及品质管理、销售等岗位。

当前,人工智能发展以大数据驱动为主流模式,在传统行业智能化升级的过程中，伴随着大量智能化项目的落地应用，不仅需要大量的数据科学家、算法工程师等，而且由于数据处理环节仍需要大量的人工操作，因此对数据清洗、数据标定、数据整合等普通数据处理人员的需求也将大幅度增加。

人工智能还将带动智能化产业链就业岗位线性增长。人工智能所引领的智能化大发展，必将带动各相关产业链发展，打开上下游就业市场。

此外，随着物质产品的丰富和人民生活质量的提升，人们对高质量服务和精神消费产品的需求将不断扩大，对高端个性化服务的需求逐渐上升，将会创造大量新的服务业就业。麦肯锡认为，到 2030 年，高水平教育和医疗的发展会在全球创造 5000 万～8000 万个的工作需求。

从岗位技能看，简单的重复性劳动将更多地被替代，高质量技能型岗位被大量创造。这同时意味着，尽管人工智能正在带动产业规模扩张和结构升级来创造更多的就业岗位，但短期内，在中低技能劳动力就业市场背景下，人工智能带来的就业冲击依然形势严峻。

三、回应"机器换人"时代的挑战

人工智能的发展带来的不仅是一个或某几个行业的变化，而是整个经济社会生产方式、消费模式等的深刻变革，并进一步对就业产生巨大影响。

当然，基于人工智能技术发展的多层次性和阶段性，人工智能对就业的替代也将是一个逐步推进的过程。但是，解决与协调人工智能对就业的短期与长期冲击，则是当前和未来应对"机器换人"的关键。

首先，应积极应对人工智能新技术应用对就业带来的中短期或局部挑战，需要制定针对性措施，缓冲人工智能对就业的负面影响。比如，把握人工智能带来的新一轮产业发展机遇，壮大人工智能新兴产业，借助人工智能技术在相关领域创造新的就业岗位，充分发挥人工智能对就业的积极带动作用。

如何应对人工智能的社会问题，需要的是市场的创造性。只有合适的激励机制、合适的人才，才能对冲人工智能对就业市场的巨大冲击。中国改革开放以来，千千万万的企业家涌现了出来，在推动了经济增长的基础上，才推动了修路、建桥，然后进一步推动了企业的发展。

其次，要高度重视新技术可能给传统岗位带来的替代风险，重点关注中端岗位从业人员的转岗再就业问题。实际上，人工智能究竟消灭多少、创造多少、造出什么样的新工作，不是完全由技术决定的，制度也有决定性的作用。在技术快速变化的环境中，究竟有多大能力、能否灵活地帮助个人和企业创造性地开创出新的工作机会，这都是由制度决定的。

例如，失去工作的人，他的能力能否转换？如何帮助他们转换能力？这些也是制度需要考虑的问题。政府要足够支持建立非政府组织，为丢掉工作的人提供训练，帮助他们适应工作要求的变化。

最后，工作岗位是一回事，它们创造的收入是另一回事。从人工智能对劳动力市场的长期冲击来看，需要密切关注人工智能对不同群体收入差距的影响，重点解决中等收入群体就业与收入下降的问题。

进入 21 世纪以来，一些发达国家劳动力市场呈现出新的极化现象：标准化、程序化程度较低的高收入和低收入职业，其就业占比都在持续增加；而标准化、程序化程度较高的中等收入职业，其就业占比反而趋于下降。这是一种与以往技术进步显著不同的就业收入效应，使中等收入群体面临着比低收入群体更尴尬的就业处境。

对于这种情况，如果收入分配政策的重点仍停留在过去对高收入和低收入两个群体的关注上，不能及时对中等收入群体给予有效重视，会极易形成人工智能条件下新的低收入群体及分配不均，即中等收入群体因技术进步呈现出收入停滞甚至下降的特征。

当前，人工智能的广泛应用对就业市场带来的影响引发了社会高度关注和担忧。在应对人工智能的途径上，不仅需要重新面对劳资关系进行治理，更应该从过去"强者愈强"的工业化技术逻辑中走出来，以更开阔的视野、更多维的方法、更有效的策略提前做好充分准备来回应挑战。

第二节　重构全球价值链

现代经济全球化经历了从全球商品链（Global Commodity Chains，GCC）向全球价值链（Global Value Chains，GVC）的转变。

全球商品链是围绕最终可消费的商品而发生的一组相互关联的劳动生产的链式过程。而随着完整商品交易组织方式的碎片化，以及对发达国家和发展中国家各自独立的生产要素体系的解构，高度复杂的生产经营活动片段得以在大规模精细化分工与重组的基础上实现全新的跨国链接，进而引发了20世纪90年代之后的国际生产体系的系统性重构。

在这样的背景下，价值分析被引入了全球商品链，并进一步形成了如今的全球价值链——产品和服务在生产及出售的过程中所涉及的使产品增值的一系列阶段，其中至少有两个阶段在不同国家完成。也就是说，如果一个国家、部门或公司参与了 GVC 的（至少）一个阶段，那么它就参与了 GVC。

一、全球价值链从扩张到收缩

全球价值链被提出，用于解释在全球范围内将产品的研发设计、生产、营销、售后等创造价值的环节分包到不同国家，企业通过参与产品生命周期的不同环节来获取相应价值增值的贸易活动。可以说，全球价值链是过去三十年间各国经济贸易融合的重要产物。

20 世纪 90 年代以来，随着关贸总协定升级为世界贸易组织（WTO），全球化大生产不断扩张，全球价值链的深度和广度都得到巨大发展。在全球价值链参与度不断提高的同时，价值链长度也在快速延长。同时，中间品贸易开始超越最终产品，逐渐成为国际贸易的主要组成部分。

在这个过程中，中国逐渐发展为世界工厂，成为全球价值链和国际贸易的中心之一。第一财经研究院的 ULC 数据库显示，在全球价值链的参与度上，中国已超越美国、德国、日本等传统制造业大国，成为全球第一的制造业大国。同时，中国也成为全球价值链上的核心环节，几乎所有行业都在一定程度上依存于中国。

麦肯锡研究院曾择取了 20 个基础产业和制造业，分析了全球各国对中国消费、生产和进出口的依存度。其研究发现，伴随着中国制造深度融入全球价值链，尤其是在电子、机械和设备制造领域，中国在全球价值链中既是扮演"世界工厂"角色的供应方，近年来又是"世界市场"的需求方。

世界银行报告显示，全球价值链在 1990—2007 年增长最为迅速，交通、信息和通信领域技术进步，以及贸易壁垒降低吸引制造业企业将生产流程延伸至国境之外。并且，世界范围内形成了以中国、德国、美国为中心的亚洲、欧洲、北美三大地区价值链网络。

然而，这一全球价值链扩张趋势，在 2008 年后开始发生了转变。2008 年，国际金融危机爆发，在这一年，全球价值链占全球贸易的比重达到了 52% 的巅峰值。而后，该指标呈现出了向下波动的发展态势。这一现象与全球贸易增长放缓同步发生。

根据世界贸易组织统计数据：20 世纪 90 年代以来，除 2001 年外，全球商品贸易增长率一直保持在全球 GDP 增长率的 1.5～2 倍的水平。进入 21 世纪的第二个十年，情况出现了变化。

2012 年和 2013 年，全球商品贸易增长率相当于全球 GDP 增长率；随后三年，全球商品贸易增长率低于全球 GDP 增长率；2017 年和 2018 年出现了反弹；2019 年，全球商品贸易增长率在美国与其他国家持续的贸易紧张关系下陷入停滞，并在接近年底时出现下滑，总体小幅下降 0.1%。

而今，全球贸易增长率比低迷的全球 GDP 增长率还要低，而在过去的景气时期，全球贸易增长率约为全球 GDP 增长率的两倍。新冠肺炎疫情更是对全球贸易造成了巨大冲击，全球价值链的转变成为基本事实。

二、多因素驱动全球价值链转变

全球价值链的转变有多方面的动因。

首先，全球金融危机之后，各国经济均未实现完全出清，产能过剩导致世界经济总量增速放缓，投资增速放缓尤为显著。与此同时，金融危机过后，二十多年高速发展所累积的经济社会问题开始显露，特别是围绕人口、债务等问题的结构性矛盾被放大和激化，使得全球保护主义浪潮兴起。

其次，主要的新兴市场经济体（如中国），开始进行广泛的国内中间品替代国外中间品，使国内生产活动代替全球价值链生产。

并且，过去二十年中，中国制造业的劳动生产率（APL）和单位劳动力成本（ULC，生产每单位增加值所需要的劳动力成本，数值上升代表竞争力下降）均出现了快速上升，而在同期，全球制造业第三和第四大国的日本和德国的单位劳动力成本持续下降。这也使得制造业迁出中国端倪初现，并在全球范围内影响价值链的变动。

再次，发达国家纷纷采取措施吸引制造业回流，多国政府对产业转移的干预力度加强。在美国转向"美国第一"的贸易保护主义之前，全球经济的结构性变化已经造成发达国家出现了不同程度的制造业回流现象。

2011—2014 年，美国、德国、法国和意大利四国中，制造业回流最活跃的前四个子行业分别是化学制品、金属制品、电子电器产品和其他制造业，其中化学制品企业的回流最为显著。

美国所采取的加征关税、科技禁令等贸易保护主义措施增加了跨国贸易成本，大幅提高了中间品及产业链成本，影响了跨国公司在世界范围内的生产决策布局，加快了部分产业链回迁与转移，引发全球价值链、产业链、供应链重构。

最后，劳动力替代工具（如机器人）越来越多地应用于制造业生产，进一步降低了在全球低成本之地配置资源的必需性，也形成了就业市场错配。

根据马林和基里奇的研究，在金融危机前，全球价值链与机器人使用是相互促进的正相关关系。这意味着，在市场环境较好的时候，企业通过增加机器人使用和推动全球价值链两个手段来降低成本与扩大生产规模。

金融危机之后，全球价值链与机器人的使用呈现明显互相替代的负相关关系。这意味着在产能过剩时，机器人将更多地作为全球价值链的替代品而出现。他们进而发现，如果新冠肺炎疫情导致经济不确定性上升300%和利率下降30%，那么机器人的应用率将提高76%，并导致全球价值链显著收缩。

因此，很长一段时间里，各国都在积极应对全球价值链的挑战，旨在全球竞争与位阶重整中进行创新或者对整个价值链进行重新配置。

三、泛工业时代的全球价值链重构

新冠肺炎疫情进一步冲击了全球价值链，加速了全球价值链的重构。比如，疫情和疫情防控措施导致中间产品的生产及运输遭遇延迟或停止，使得企业无法获得关键投入品的风险增加。许多生产率较高的全球价值链参与者都依赖于及时交付投入和精益库存管理，但这些举措可能会导致身处全球价值链中心的国家成为受疫情影响最严重的国家。

此外，联合国贸发会议（UNCTAD）认为新冠肺炎疫情将影响全球对外直接投资（FDI），进而影响全球价值链。全球前5000家跨国企业（MNE）因疫情平均向下修正了30%的盈利预期，并且这个趋势仍将持续。

受打击最严重的行业为能源、基础金属、航空业和汽车产业。发达经济体跨国企业盈利预期修正幅度最大，下修幅度达到35%，高于发展中经济体的20%。断崖式下滑的盈利前景将使全球FDI下降30%至40%，而跨国企业FDI是全球价值链进一步深化的主要推动力。

但同时要看到的是，新冠肺炎疫情作为催化剂，加速了数字化、信息化的发展。随着移动互联网、物联网、云计算和大数据等新一代信息技术的发展，部分产业尤其是高技术产业的制造模式和组织模式发生了重大变革，促使价值链在全球范围内分解、融合和创新，国际产业分工的"微笑曲线"发生严重变形，各环节的附加值发生相应变化。

这为后疫情时代全球价值链的重塑增添了新要素，使得价值链逐渐向新经济体和链条的更高层次延伸，以人工智能、5G、智慧物流、线上支付为代表的高技术产业已初现规模，其国际影响力正在逐步扩大。

全球价值链重构是一种兼顾价值链升级与价值链治理的国际分

工活动。事实上，随着国际格局的深刻变革，全球价值链重构的发生是客观的必然，而疫情则为全球价值链的重构增添了科技的要素。

如果说，早期探讨"全球竞争与位阶重整"时认为"重构"是价值链参与者在执行价值链活动中进行创新或者对整个价值链进行重新配置。那么，现阶段全球价值链的重构还关系到价值链分工在纵向和横向维度上的"伸"与"缩"及网络节点位移，同时受产业革命和技术进步、全球经贸规则等变化影响。

把握全球供应链调整的契机成为现阶段各国政府的共识。中国应抓住全球价值链重构的浪潮，抢占经济与技术双重制高点，必须选取合适的重构路径，迅速做出链条转换和路径选择的战略设计和方针。

一是要认清在全球价值链中的真实地位，二是要选取合适的重构路径。一国参与全球价值链重构的路径分为主动嵌入全球价值链、被动接入国家价值链和主导创建区域价值链三种。并且，根据一国产业国际竞争力的差异，选取的路径也有差异。三是要提升技术水平和完善国内供应链网络。疫情扰乱了全球价值链，也在危机中孕育着新机，将锻造升维竞争的全新赛道。

第三节　新秩序的孕育与诞生

技术进步和产业变革是人类福祉的重要来源。

工业生产带动了科学与技术知识的快速生产和扩散，促进了人类社会现代化；工业生产的规模经济和范围经济促进了生产要素集聚，加速了人类社会城市化的进程；信息化大大降低了空间对交流的阻碍，有力推动了工业生产的全球化分工。从某种意义上讲，当今的工业化社会和以城市化为核心的人类现代生活，都是过去每一次工业革命的集中成果。

正在兴起的新一轮工业革命，以人、机器和资源间实现智能互联为特征，正在日益模糊物理世界和数字世界、制造和服务之间的边界，为利用现代科技实现更加高效和环境友好的经济增长提供了广阔空间。

与历次工业革命一样，这一轮工业革命也必将为全球经济构筑强大的增长动力，深刻改变各国的经济结构和发展方式，并为人类经济社会面临的困境和问题提供新的解决方案，有力推动经济社会的跳跃式发展。这也将重塑国家间竞争格局，孕育世界新秩序。

一、重塑国际竞争格局

泛工业革命正成为全球重筑增长态势、提升人类社会福祉的重要动力。然而，虽然泛工业革命的红利足以惠及全球，但是新技术和新产业创造的价值在国家之间的分配却是不均衡的。

发达工业国家希望通过加快技术突破和先导产业发展，巩固甚至进一步强化其在全球经济版图中的优势地位；已经具备一定工业基础和技术能力的后发国家也希望利用新一轮工业革命打开的机会窗口，通过开辟独特的技术路径和商业模式实现赶超。因此，竞争和赶超必然是泛工业革命的重要命题。泛工业革命推进的过程，将是一个竞争和选择的过程。这个过程也必然重塑世界竞争格局，孕育经济新秩序。

从经济史的角度看，每一轮工业革命大致都会经历导入期和拓展期两个阶段。在导入期，新的通用目的技术和使能技术的创新主要基于基础研究的积累和发展，具有很强的科学推动特征。同时，由于新技术的技术范式和技术路径并不清晰，不同类型的创新主体，特别是初创企业在新技术可能带来巨大潜在利益的驱动下，通常会积极进行多元化的技术路线和商业模式探索。当通用目的技术和使能技术以及与之相匹配的商业模式逐渐成熟，这些新技术的应用开始催生新的产业，并加速向国民经济其他部门扩散应用。这时，工业革命开始进入第二阶段，即拓展阶段。

而工业革命的导入期和拓展期，恰恰表现为国家或企业在技术和商业两个层面的激励竞争。在工业革命的导入期，多种技术路线相互竞争，由于技术路线本身的不确定性，以及每一种技术路线都需要承担高额的研发投入，没有任何一个国家能够主导所有的技术路线。虽然一些国家和企业在前沿技术和基础研究方面具有先发优势，但最终是否能够成为主导技术的开发者仍然具有很大的不确定性。加之信息技术发展具有鲜明的短周期特征，如果后发国家能够开展高强度的技术学习，同样有很高的实现技术赶超的概率。

当工业革命进入拓展期，即通用目的技术和使能技术都趋于成熟、逐步进入大规模商业化应用的阶段，技术领先国也可能由于国家的体制和战略不能及时适应主导技术的要求，近而丧失将技术领先优势转化为产业领先优势的机会。主导技术和主导商业模式是在技术和市场的不断反馈过程中通过反复迭代的市场选择形成的。技术领先者有可能在商业化阶段的竞争中失败，而技术紧随者有可能利用其市场优势或基础设施优势，成为市场竞争的最终赢家。

可以说，新工业革命可能创造的巨大经济红利及其对国家间产业竞争格局的深刻影响，激励着每一个国家积极参与其中，而新工业革命技术经济过程的复杂性又使得竞争结果具有高度的不确定性。各国在新一轮工业革命进程中的竞争和赶超，最终会体现为国家间竞争能力和利益格局的动态变化。

根据以往历次工业革命的经验，在工业革命导入期，通用目的技术和使能技术的主要策源国最先推动基础科学研究成果向技术应用的转化，这些国家从不同的技术路线进行探索，试图成为主导技术的控制者。在这个过程中，这些国家的科学研究和技术水平相互增强促进，成为新一轮工业革命的科学和技术高地。

随着新工业革命由导入期向拓展期演进，主导技术逐渐形成，相应的工程化和产业化成为国家间竞争的焦点。这时，拥有更强的工程化能力和商业模式创造性的国家成为主要的竞争者。由于新工业革命的技术策源主要发生在少数国家，因此这个阶段国家之间的技术水平会出现极化现象，但此时的技术能力并未完全转化为一国的产业竞争力和经济福利。

当前，新一轮工业革命正处于由导入期向拓展期发展的阶段，美国、中国、日本、德国等国家是主导技术成熟和应用的主要推动者。随着新一轮工业革命进入拓展期，通用目的技术和使能技术开始逐步扩散应用，那些率先推动主导技术在先导产业和引致性产业扩散应用的国家，其技术能力、生产效率、经济增长、就业水平和国家综合实力提升，将成为新工业革命最大的受益者。

新一轮工业革命是一场技术经济范式协同转变的复杂过程。科技进步和产业发展嵌入一国的体制和政策体系中，技术突破和产业变革会因改变既有的利益格局而遭到体制性的抵制。因此，哪些国家和地区能够相对更快地调整体制和政策，使其更有效地支持新的劳动者技能、新兴技术、新创企业、先导产业的发展，从而更好地匹配新工业革命的技术经济要求，谁就能成为新工业革命的主要受益者。

在这场体制和政策的竞争中，发达国家正试图利用新工业革命窗口进一步增强其产业竞争优势，遏制"产业空心化"趋势，重拾制造业竞争优势。近年来，这些国家或地区纷纷出台了面向智能化、网络化、数字化技术的制造业中长期发展战略，如美国的"先进制造业战略"、德国的"工业4.0"、法国的"新工业法国"、欧盟的"欧洲工业数字化战略"、西班牙的"工业连接4.0"、日本的"机器人新战略"、韩国的"制造业创新3.0"、意大利的"意大利制造业"等，都体现了发达工业国家进一步强化科技和产业竞争优势的宏伟愿景。

与此同时，以中国为代表的发展中国家正通过承接产业转移和自主创新，快速建立起比较完备的工业体系和创新体系。包括中国在内的具有一定工业基础的广大发展中国家广泛参与高新技术的突破和应用，这也是新一轮工业革命相较之前几轮工业革命的最大特点。

新工业革命背景下，不仅后发国家在新兴产业领域迎来并跑的机遇，而且由于传统技术和传统产业与新技术的融合，后发国家在成熟产业也迎来利用其独特的市场优势和资源优势实现赶超的窗口期。20世纪70年代，当汽车技术路线由低成本和动力增强向多样化和节能环保转变时，日本企业凭借柔性化生产和精益制造实现对美德汽车产业的赶超，就是这种理论逻辑的现实呈现。当前，中国的制造强国战略、俄罗斯的"国家技术计划"、阿根廷的"国家生产计划"以及印度的"印度制造战略"等,都体现了广大发展中国家广泛参与新一轮工业革命的强烈诉求,这也将进一步加剧各国的科技角逐。

二、变革全球治理方向

马克思认为:"社会关系和生产力密切相连。随着新生产力的获得,人们改变自己的生产方式。随着生产方式即保证自己生活的方式的改变,人们也就会改变自己的一切社会关系。手推磨产生的是封建主为首的社会,蒸汽磨产生的是工业资本家为首的社会。"生产方式变革是社会变革的决定性力量,并从根本上决定社会的性质。"所以,一切社会变迁和政治变革的终极原因,不应当到人们的头脑中、到人们对永恒的真理和正义的日益增进的认识中去寻找,而应当在生产方式和交换方式的变更中去寻找"。

泛工业革命的兴起引发了生产方式变革和交换方式变化。大规模流水线生产方式转为数字化制造的自生产方式,新的生产力平台展现智能化、定制化、合作化,促使制造业发生革命性变化,催生一大批新产业集群和经济增长点,拓宽战略性新兴产业的范畴,促使人类进入在互联网支撑下的全球性社会化大生产阶段。

在此阶段,全球性分工合作、智能管理、生态和谐、可持续发展成为显著特征。这种上了一个新台阶的社会化大生产,将在改观整个产业价值链中加工制造环节低附加值局面的同时,极大提高世界生产力水平,加速世界经济发展,促进国际贸易发展、世界货币金融关系变化和生产要素国际流动,推动国际经济一体化,并引起了世界经济结构和经济战略的变化。

显然,今天的世界是扁平、立体、交叉的,在开放中形成广泛联系已经是不争的事实。这种广泛联系在变化中整合，必然走向共同治理世界的大格局。

2008年全球金融危机的惨痛代价早就给了世界深刻启示，随着世界多极化的推进，经济全球化进程也将加快，在和平与发展的时代主题下，国际体系向扁平化变革。可以说，泛工业的到来除了重塑国际竞争格局外，也让各国结成了利益共同体和命运共同体。而在这个过程中，新工业技术还将为解决一些全球性问题提供新方案。

当今世界在呈现多极化、经济全球化、文化多样化和社会信息化的同时，也不断产生诸如气候变化、网络攻击、环境污染、跨国犯罪等挑战人类生存和国际秩序的非传统安全问题和挑战，将地球人置于一个命运共同体中。各国利益和命运紧密联系，牵一发而动全身，一荣俱荣、一损俱损。任何国家都不可能独善其身，国际社会越来越成为你中有我、我中有你的"命运共同体"。全球治理问题已经直接考验人类大智慧，而新工业革命为解决这些重大全球问题提供了新的可能方案。

例如，绿色能源的开发和推广，为人口增长和工业化造成的环境问题提供了更加有效的解决方案；无人驾驶、智慧交通的发展将为解决日益严峻的城市交通问题提供新的技术路线；数字技术所带来的跨境电子商务等新兴业态的发展，以及服务贸易便利性的增加，将有力促进全球贸易增长，世界贸易组织发布的《世界贸易报告2018》预测，2030年之前全球贸易将逐年增加1.8～2.0个百分点；新工业革命将导致全球价值链、供应链和产业链在空间上的重新分解与组合，进一步推动分工深化和交易效率提升，从而推进全球经济加快复苏。

泛工业革命使各国利益和命运紧密相连、深度交融。各国只有在合作共赢的框架下协调竞争政策和社会政策，共同解决新技术可能带来的垄断、"无就业增长"、社会伦理等经济社会问题，才能有效应对新工业革命带来的挑战，引导新工业革命朝着有利于解决全球性重大问题、促进全球包容性发展的方向发展。

第四节 工业未来行稳致远

尽管泛工业革命许诺了一个前所未有的科技未来，但从各种角度来看，我们却都处在一个向下的时代。因此，这样的时代迫切需要人文思想给人们的精神生活提供指导和帮助。

一、工业文明亟待人文科学的纠偏

随着技术的不断进步，人们从蒸汽时代进入电力时代，再到原子时代、信息时代。然而，技术令人们身处的物质世界越来越丰富的同时，也令人们面临着越来越多的认识危机、生存危机和信仰危机。

1. 认识危机

21世纪以来，在突飞猛进的科学技术的影响之下，人类社会的结构及精神面貌不断发生剧烈的变化。通信技术、互联网、大数据、云计算、区块链、人工智能、基因工程、虚拟技术，造成了信息和实体的交错融合和数据驱动的经济，整个社会的智慧网络化引起了生产方式、生活方式、思维方式及治理方式的深刻革命。

然而，新兴技术虽迎来了第四次工业革命的曙光，但也让一些人再次陷入（理性）自负。当新科技革命和产业革命大力推动社会发展的同时，带来了环境、生态、伦理等风险，以及个人精神迷失、信仰空缺和意义危机等问题，这些都亟待通过人文精神指导实现价值重塑。

2. 生存危机

全球变暖已经是一个不争的事实。2020 年，一个由 93 名科学家组成的团队发表了一份过去 1.2 万年的古气候数据记录，它包括 1319 条数据记录。这些数据来自湖泊沉积物、海洋沉积物、泥炭、洞穴沉积物、珊瑚和冰川冰芯等样本，从全球 679 个地点收集而来。

由此，研究人员能够绘制出过去 1.2 万年来地表空气温度的变化图，然后将其与 1800 年至 1900 年之间的世纪平均气温进行比较，以追踪工业革命可能带来的变化。正如预期的那样，在该时期开始时，气温比 19 世纪的基线要低得多。但在接下来的几千年里，气温稳步上升，最终超过了基线。

气温在 6500 年前达到顶峰，从那时起，地球一直在缓慢降温。峰值温暖之后的冷却速度是微妙的，每 1000 年只有大约 0.1℃。然而自 19 世纪中叶以来，人类活动使平均气温上升了 1℃之多。这在相对较短的时间内是一个巨大的峰值，比 6500 年前的那个峰值上升得更高。

气候变化使太阳照射到地球的光和热及其反射过程的平衡被打破，而这带来的最直接的后果就是加剧了气候灾难的发生。非营利组织德国观察于 2020 年发表了一份报告，分析了风暴、洪水和高温天气等事件，但没有包含"缓慢发生的环境变化"，如海平面上升、海水变暖和冰川融化。该报告显示，2000—2019 年，全世界发生了约

1.1 万次极端气象灾害。

曾经被认为已经解决的传染病问题又回来了。气候变化导致了部分蜱虫和蜱传病原体的地理范围扩大，蜱传疾病和其他传染病的传播可能性进一步增加。此外，20 世纪中期以来，北极地表温度不断升高，与全球平均水平相比，升温速度接近一倍。气温升高导致海冰、积雪覆盖率和永冻土发生变化，对约 700 万人的生活产生影响。比如，冻土层中储存着汞和其他持久性环境污染物和传染源，一旦解冻，这些物质就会释放出来造成健康风险。

抗生素的滥用与自然进化相结合，制造出了越来越危险的微生物。根据美国疾病控制与预防中心（CDC）的数据，仅美国每年就有逾 280 万抗生素耐药病例，逾 3.5 万人因此丧生。在印度，抗生素耐药导致的新生儿感染每年会造成近 6 万新生婴儿死亡。联合国（UN）担心，到 2050 年，全球每年会有 1000 万人死于耐药性感染。

抗生素耐药不仅严重影响人类健康，更对经济造成巨大负担和损失。仅美国医疗系统每年就需要花费 200 亿美元解决耐药性问题。英国经济学家奥尼尔预计，到 2050 年全球抗生素耐药可累计造成 100 万亿美元的经济损失。此外，世界银行和联合国粮农组织的报告还指出，如 2050 年仍未解决抗生素耐药问题，全球年度 GDP 将下降 1.1%～3.8%，等同于 2008 年金融危机的影响。

3. 信仰危机

计算机化无时无刻地为工作和娱乐的领域带来革命，但这也有代价，包括失业率的增长、数字鸿沟的扩大、传统社区形成和维护方式的崩溃及网络互动无法完全取代传统的社区等。社会构架偏向全球化，各个地域文化通过各种形式交融。

法律和美学体系的构建速度没有跟随科技高速发展，让身处其中的大众感到恐惧。但是，在机器时代的关口，人们面对这个巨大的真空期产生了对机器时代未知远方的迷茫与踟蹰。

日益发展的科技在颠覆了世界与人类的生活模式及固有的价值观的同时，将人类带入了一个空前的无人区，人们真切地发现并感受到过往指引我们的人文思想与价值观在一定程度上已无法满足科技所带来的变革。或者说，人类当下对于人文学科的思考与解读已经无法满足指引人类应对当下和未来的需要。

与此同时，实用主义在现代商业社会中的日益兴盛导致人文精神式微。随着知识经济时代的到来，知识依附于物品之上的附加价值将带来物品的明显增值，因而在知识社会中，知识只有在应用中才能生存。自然科学通过信息革命与新科技革命占据了引领社会发展的主力位置，科技文明则主宰了当代世界。相较于自然科学，人文科学显得落寞而苍白。

在和平与发展成为时代主题的背景下，人文科学无法在短时间内直接创造经济价值，成为促进世界经济增长和技术进步的重要力量。同时，由于人文科学沉湎于过去而未能对现代社会做出敏锐的反应，以至于它在应对新形势下世界复杂问题的解决手段上无法再提供更多的理论指导和帮助。

从具体的高等教育实践来看，人文科学在当前似乎正逐渐走向边缘化。荷兰阿姆斯特丹大学于 2014 年公布的一份名为 "*Profile 2016*" 的学校规划大纲中提出，计划削减财政，废除部分语言专业，同时将包括哲学、历史、荷兰文学等在内的其余人文学院的剩余专业合并为"人文学位",将学校的建设重心放到更具职业导向的专业上。美国对人文科学专业的拨款也从1979年的4亿美元(以2016年美元计)下降至2015年的1.5亿美元(以2016年美元计)。

这是一个危机与新机共存的时代,工业文明的发展亟待人文科学的指导与纠偏。

二、从融合走向更新

当科技与文化融合并且发展到新高度时,是将文化的内容、理念、形式等元素与科技的精神、方法、理论等要素有机结合,从而改变产品的价值、品质,形成新的内容、形式、功能与服务。这体现了一个创新的过程,也将成为一种社会秩序的更新。

美国结构功能主义流派的代表性人物罗伯特·金·默顿曾将科技置于社会改变的视阈中,探讨了文化、科技对社会的影响关系。正如默顿认为的,因为缺乏科技的社会文化结构所需要的概念框架,科技的发展才会受到严重的阻碍。这是因为,不管周围的文化如何影响科学知识的发展,不管科学技术最终如何影响社会,这些影响都来自科技本身变化着的体制和组织结构。

人文科学虽然不能代替政府和公众来制定公共政策,不能剥夺民众和民选官员的决策权,但是可以给公众提供信息,让公众在正确信息的基础上做出明智的决策。这也是未来工业世界得以存续的基础所在。

20世纪70年代初,美国总统尼克松发起了超音速运输机的研制项目。即由政府出资与波音等飞机公司合作,研制超音速大飞机用作民航或轰炸机。一个政府咨询小组对这个项目进行调查,他们告知总统,从经济效益和环境影响(如巨大声震和极高空空气污染)等角度考虑,超音速运输机项目得不偿失。最终该项目没有在国会上通过。

正如该政府咨询小组所指出的那样,技术决策不能只停留在狭义的理性技术层面,而更应该把理性、客观的思维扩展到技术层面,再放到更广阔的社会、经济、政治层面来考察。换言之,伦理学、社会学,甚至历史学、哲学研究在社会决策层面上都应跟得上时代。如果科技的领先不能辅之以人文的温度,必然会给人类整体带来损伤。

可以说,在科技和文化的社会语境中,科技是一个社会体制,更是一个缓慢形成、缓慢改变的社会体制。显然,科技带给整个社会的不仅是经济利益,更是文化的蜕变和社会秩序的更新,这在工业革命一开始就可见端倪。这意味着,以人工智能、大数据等信息技术为代表的泛工业革命,也将重塑一种新的、整装待发的社会秩序,其中必定蕴含新价值与旧价值成功组合的社会价值理念。

创新三螺旋理论受基因的三螺旋模型启示,创造性地提出了创新的新范式。创新三螺旋理论认为,支持创新系统必须形成一个螺旋状的联系模式,这种缠绕在一起的螺旋由三股力量构成:一是由地方或区域政府及下属机构组成的行政链;二是由垂直和水平联系的公司构成的生产链;三是由研究和学术制度组成的技术科学链。除了履行知识创造、财富生产和政策协调的职能之外,三股力量之间还通过互动派生出新职能,最终孕育出基于知识繁衍的创新。

显然,科技、文化与社会秩序也切合创新三螺旋理论,并基于此生长和发展着。其中，社会秩序是文化追求和科技探寻的目标，但社会秩序的解释意义既不在文化之中，更不可能禁锢于科技之中，社会秩序是独立的、实体的螺旋线。

在文化、科技和社会秩序的三螺旋模式中，三者交迭作用、互促创新，形成"互为因果"关系；三者是系统成形的核心吸引力，使创新三螺旋模式得以成立。社会秩序的建立和传播"主导"文化及科技进步，推动着创新螺旋上升，成为创新三螺旋模式成立的内在驱动力。

一方面，技术创造具有的经济属性决定了技术必然存在与外部市场的紧密联系。与此同时，外部市场的不确定性反作用于文化、科技和社会秩序。因此，需要文化做路径引导，通过文化、科技和社会秩序的互相推动来真正促进社会的健康发展。

另一方面，文化、科技和社会秩序形成的主要动力来自三方的各自需要。文化创新需要科学技术的支撑和价值观的引领；社会秩序要反映时代新理念，需要文化内容的体现和科学技术的支持；而科技里程碑的跨越式发展，则离不开社会文化氛围的整体培育和新的社会秩序的引领。

人类社会的进程，从表面来看，是一个又一个科技发明推动了社会进步；从中层来看，是科技创新带来了文化创新，带给人类社会新的生存方式和生活方式；从深层来看，是科技和文化的融合创新，创造出新的人类精神群体，催生出新的社会价值体系。

显然，人类文明的生长，绝非外在物质的增长，而是内在精神的建立，是由个体精神自律扩散到社会整体秩序的升级换代。当科技在工业社会中的作用逐渐凸显，经历着从技术层面到商业经济动力的转变时，如何将科技与文化真正融合成为社会发展和文明进步的重要支撑，将是时代必然面临的议题。

展望未来，随着工业社会重构、思维方式重置，世界也将为之一变，意义全新。

参考文献

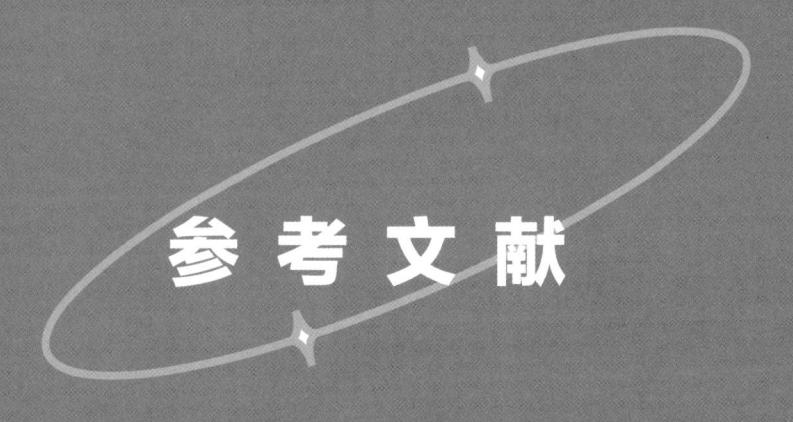

[1] 叶险明. 马克思的工业文明理论及其现代意义（上）[J]. 马克思主义研究，2004(02):41-46.

[2] 韦忠将. 第二次工业革命的国际政治效应[J]. 读天下，2016(19):336-338.

[3] 黄群慧，贺俊. "第三次工业革命"与中国经济发展战略调整——技术经济范式转变的视角[J]. 中国工业经济，2013(01):5-18.

[4] 中国社会科学院工业经济研究所课题组，吕铁. 第三次工业革命与中国制造业的应对战略[J]. 学习与探索，2012(09):93-98.

[5] 闫德利. 数字经济发展迈向产业互联网新阶段[J]. 中国信息化，2020(06):5-9.

[6] 李燕. 工业互联网平台发展的制约因素与推进策略[J]. 改革，2019(10):35-44.

[7] 吕铁. 我国工业互联网产业的变革路径探究——从平台系统架构视角出发[J]. 人民论坛·学术前沿，2020(13):14-22.

[8] 任保平，朱晓萌. 中国经济从消费互联网时代向产业互联网时代的转型[J]. 上海经济研究，2020(07):15-22.

[9] 周佳军，姚锡凡. 先进制造技术与新工业革命[J]. 计算机集成制造系统，2015, 21(08):1963-1978.

[10] 李小丽，马剑雄，李萍，等. 3D打印技术及应用趋势[J]. 自动化仪表，2014, 35(01):1-5.

[11] 朱世东，徐自强，白真权，等. 纳米材料国内外研究进展Ⅱ——纳米材料的应用与制备方法[J]. 热处理技术与装备，2010, 31(04):1-8.

[12] 杨静. 中国能源技术科技发展展望[J]. 湖北农机化，2020(10):50-51.

[13] 吴磊，詹红兵. 国际能源转型与中国能源革命[J]. 云南大学

学报（社会科学版），2018，17(03):116-127.

[14] 邹才能，潘松圻，党刘栓. 论能源革命与科技使命[J]. 西南石油大学学报（自然科学版），2019，41(03):1-12.

[15] 许轶旻. 信息化与工业化融合的影响因素研究[D]. 南京大学，2013.

[16] 王亚男. 两化融合视角下的中国制造业竞争力研究[D]. 北京邮电大学，2011.

[17] 刘志敏. 精益生产及其在先进制造中的地位和作用[J]. 现代经济信息，2016(15):68-70.

[18] 刘飞，曹华军，何乃军. 绿色制造的研究现状与发展趋势[J]. 中国机械工程，2000(Z1):114-119.

[19] 孙林岩，李刚，江志斌，等. 21世纪的先进制造模式——服务型制造[J]. 中国机械工程，2007(19):2307-2312.

[20] 何哲，孙林岩，朱春燕. 服务型制造的概念、问题和前瞻[J]. 科学学研究，2010，28(01):53-60.

[21] 傅建中. 智能制造装备的发展现状与趋势[J]. 机电工程，2014，31(08):959-962.

[22] 王展祥，王秋石，李国民. 发达国家去工业化与再工业化问题探析[J]. 现代经济探讨，2010(10):38-42.

[23] 刘戒骄. 美国再工业化及其思考[J]. 中共中央党校学报，2011，15(02):41-46.

[24] 赵儒煜，阎国来，关越佳. 去工业化与再工业化：欧洲主要国家的经验与教训[J]. 当代经济研究，2015(04):53-59.

[25] 张少军，刘志彪. 全球价值链模式的产业转移——动力、影响与对中国产业升级和区域协调发展的启示[J]. 中国工业经济，2009(11):5-15.

[26] 陈柳钦. 有关全球价值链理论的研究综述[J]. 重庆工商大学学报（社会科学版），2009，26(06):55-65.

[27] 张向阳，朱有为. 基于全球价值链视角的产业升级研究[J]. 外国经济与管理，2005(05):21-27.

[28] 谢伏瞻. 论新工业革命加速拓展与全球治理变革方向[J]. 经济研究，2019，54(07):4-13.